살아갈 날들을 위한
괴테의 시

일러두기

- 인용된 시는 모두 괴테의 시입니다.
- 제목이 없거나 현재와 잘 맞지 않는 것들은 시의 내용에 맞게 제목을 새로 짓거나 조금 변형을 하였습니다.
- 독자들이 시를 차분하게 읽을 수 있도록 문체를 하나로 유지하며 완성했습니다.

김종원 지음

살아갈 날들을 위한
괴테의 시

퍼스트펭귄

프롤로그

가장 지혜로운 인생은
나라는 존재와 잘 어울려서 살아가는 삶

'인생을 살아가는 자신만의 이유가 있어야 한다.'
'재미있게 살아야 한다.'
'더 멋지게 성장하는 삶을 살아야 한다.'

이렇게 또 저렇게 살아야 하는 이유와 목적을 알려주는 글과 말은 참 많습니다. 그러나 정작 우리에게 중요한 건 "그래서 어떻게 살아야 하는데?"라는 질문에 대한 답입니다.

단단한 삶을 꾸리기 원한다면 한두 번의 실패로는 무너지지 않을 내면의 기반을 다져야 합니다. 그래야 나도 내 삶의 정점을 만날 수 있으니까요. 어느 날엔가 그런 고민을 하다가 괴테의 시를 만났습니다. 그리고 읽자마자 "바로 이거다!"라고 외친 후, 다른 모든 일을 접고 이 책을 쓰기 시작했습니다. 그 시를 소개합니다.

> 자기 삶의 시인으로 사는 멋진 사람은
> 침묵하는 것을 좋아하지 않습니다.
> 많은 사람에게 자신을
> 있는 그대로 보여주려고 하죠.
> 찬사와 비난을 피할 수는 없습니다.
> 하지만 우리는 자신이 쓴 글로
> 결코 참회할 필요가 없습니다.
> 그저 나의 뮤즈가 사는 고요한 숲속에 있는
> 장미꽃 그늘에서 조용히 마음을 털어놓습니다.
>
> 애를 쓰며 깊이 고뇌했지만
> 갈피를 잡지 못해서 힘들었습니다.
> 그러나 이제야 깨달았습니다.

내 모든 고뇌와 슬픔은 영광스럽게도

꽃다발을 만들기 위한 꽃이었구나.

젊었던 순간도

늙어가는 지금 이 순간도

잘했던 순간도

그리고 못했던 순간도

나중에는 제법 읽을 만한

아름다운 한 줄의 시가 됩니다.

「마음까지 아름다운 당신께」

누구나 고민합니다.

'나도 한번 남들처럼 잘 살아보고 싶다.'

'내 삶의 정점은 대체 언제쯤 만날 수 있는 건가?'

이런 마음은 우리를 자꾸만 힘들게 만들죠. 괴테는 조언합니다. 견디고 버티려고 하지 말라고요. 그건 힘든 나를 더 아프게 만드는 선택입니다. 가장 지혜로운 인생은

나를 견디지 않고, 나라는 존재와 잘 어울려서 사는 것입니다.

나의 진정성을 담은 것이라면 그게 뭐든, 누가 뭐라고 비난을 해도 반박하거나 참회할 필요가 없습니다. 우리의 하루는 자기 삶의 꽃다발을 만드는 향기로운 꽃이니까요. 꽃은 굳이 자신이 꽃이라고 설명하지 않습니다. 그저 자신의 향기를 매일 세상에 전하며 자기 자신으로 살아갈 뿐이죠. 그게 바로 나라는 존재와 잘 어울려서 사는 길입니다.

자신과 잘 어울려 살기 위해서 필요한 건 무엇일까요. 저는 지난 16년 동안 매년 한 권, 그것도 괴테가 쓴 책만 반복해서 읽으며 그에 관해 깊이 사색했고, 다음 다섯 가지 조건을 찾았습니다. 나 자신과 잘 어울려서 살기 위한 태도, 관계, 지성, 기품 그리고 사색에 대해서요.

이 다섯 가지 조건은 이 책의 목차이기도 합니다. 괴테가 세상에 남긴 시를 통해 자연스럽게 그 조건이 무엇이며, 어떻게 그걸 나만의 것으로 흡수할 수 있는지 여러분께 소개해 보려고 합니다. 각각 필사하며 마음에 담을 수 있는 공간도 만들었으니 근사하게 활용해 주세요.

오늘도 당신의 하루는 누구보다 아름다웠습니다. 잘했던 순간도, 못했던 순간도, 나중에는 세상에 단 하나뿐인 아름다운 시로 다시 태어납니다. 삶의 마지막 순간, 누군가는 당신에게 이런 말을 들려줄 것입니다.
"당신의 인생을 곁에서 읽을 수 있어서 참 행복했습니다."
오늘도 당신답게 유일하게 살아서 더욱 찬란한 하루입니다.

나는 나의 하루를 존경합니다.
나의 하루는 제법 읽을 만한
한 줄의 고귀한 시라는 사실을
사는 내내 잊지 않겠습니다.

차례

프롤로그
가장 지혜로운 인생은 나라는 존재와 잘 어울려서 살아가는 삶 4

1장
고난이 있을 때마다
내가 어떤 사람인지를 깨닫는다
- 태도 -

천천히, 그러나 쉬지 않고 성장하는 삶	19
반복이 내적 성장의 힘	22
최고의 인격자는 스스로를 나아지게 하는 사람	26
너무 잘하려고 애쓰지는 마세요	28
값싼 시간과 값비싼 행복	32
잘되지 않는 나도 충분히 괜찮다는 무해한 마음	35

가장 단순한 삶이 가장 단단한 이유	38
어떤 상황에서든 심각해지면 나만 손해	41
주위 사람의 좋은 점을 찾아 다정한 말로 전해주는 일	45
좋아하는 일로 삶을 일으키고 싶다면	48
가장 평온한 상태를 유지하며 묵묵하게 해내는 사람들	51
브레이크를 밟은 상태로 운전을 할 수는 없습니다	54
내가 살아 있다는 것이 나의 가장 큰 가능성	59
인생에서 변하지 않는 두 가지 정답	62
나는 나를 모두 쓰고 떠날 것입니다	65

2장

무례하고 냉혹한 시대를
차분하게 건너는 법

- 관계 -

가장 덧없는 것들이 가장 아름다운 이유	71
대화란 그 사람이 보여주는 영화 속에 잠시 빠져드는 것	74
힘 빠지게 만드는 모든 소음을 지우기	77
당신을 오해한 것이 아니라 오해하고 싶었던 사람	81
잘될수록 인간관계는 좁아지기 마련입니다	84
나를 아끼지 않는 사람에게 감정을 낭비하지 마세요	88

무분별한 비난의 소리는 그냥 흘러가게 두기	92
시비 거는 사람을 이기는 가장 현명한 방법	96
타인의 기대가 부담될 땐 그냥 실망하게 두고 계속 나아가세요	99
자신을 잃어가며 맺은 관계는 아무런 의미가 없습니다	102
어떤 상황도 잘 활용하는 지혜로운 사람의 수준	105
사람의 마음을 열고 관계의 온도를 높이는 법	108
다정한 말이 그 사람의 지능인 이유	111
'이해할 수 없다'는 말은 '곧 이해하겠다'는 말	114
특별히 성격이 좋은 사람은 세상에 없습니다	118
서로가 서로를 위한 조연이 될 때 인생은 가장 반짝입니다	121

3장

너의 지성이
곧 너의 세계를 의미한다

- 지성 -

당신의 질문에 세상이 답하지 않는다면	127
'그런 거 다 안다'라는 참 허망한 말	130
사람은 경탄할 만한 잠재력을 모두 갖고 있습니다	133
이름만으로 충분한 가장 아름다운 인생	136
마흔 이후 차곡차곡 성장하는 사람들의 공통점	139

내 삶에서 '이 말'만 지우면 인생의 수준이 달라집니다	143
우아한 내면을 만드는 7가지 생각	147
그들에게 퍼스트클래스 티켓이 오히려 저렴하게 느껴지는 이유	151
누구나 나만큼 나를 알 수 없습니다	155
중요한 결정일수록 주변에 의견을 묻지 마세요	158
바라는 대로 이루어지는 마음의 법칙	161
사랑할 때는 그 사랑이 얼마나 귀한지 모릅니다	165
'특유의'라는 표현이 노년을 무채색으로 만드는 이유	168
돈의 진짜 주인, 자연의 진짜 주인은 누구일까요	171
자신에게 질문을 던지는 사람이 가장 고귀한 삶을 삽니다	175

4장

수많은 사람 중에서
나를 구분해 주는 것

- 기품 -

당신의 별자리가 당신이 뜨겁게 움직이길 기다립니다	183
타인의 생각에 지배받으며 살지 않으려면	186
마음을 괴롭게 만들면 결국 외톨이가 됩니다	189
내가 보낸 지난 모든 나날을 존경하는 마음으로	192
두 눈을 부릅뜨고 삶과 죽음을 관찰하기	195

사랑에서 나온 것이라면 뭐든 망설이지 마세요	198
만약 나에게 단 하루만 남아 있다면	201
인간은 과거를 확장시켜 더 나은 미래를 짓는 존재	205
자신을 심하게 책망하며 인생을 소모하지 마세요	209
나날이 수준을 높여가는 '급이 다른 사람'의 특징	212
우리가 너무나 쉽게 말하는 것들에 대하여	215
지금 아프다는 건 곧 기쁨의 순간이 찾아온다는 신호	218
10배의 법칙을 기억하면 차분함을 유지할 수 있습니다	221
책을 읽는 사람은 많아도 지성이 깊어지는 사람은 적은 이유	224
내가 스스로 나아지는 과정에 가장 큰 깨달음이 있습니다	227

5장

천 개의 눈과 심장으로 세상을 탐구하는 일

- 사색 -

지금 당신에게 주어진 일상을 사랑하세요	233
세상에서 가장 아름다운 문장	237
인생은 풀어야 할 숙제가 아니라 즐겨야 할 축제	240
통찰력을 가지려면 중간에 판단을 하지 마세요	243
희망은 내가 스스로에게 허락한 천국	247

오래된 나를 떠나 낯선 곳의 주인이 된다는 것	252
당신은 누구를 위해, 무엇을 위해 살아가고 있나요	255
모든 일은 원래 할수록 힘들다고 느껴집니다	258
불의를 발견하는 건 쉽지만 진리를 발견하는 건 어렵습니다	262
당신이 누구든 계속하면 결국 잘될 수밖에 없는 이유	265
피트니스 센터에서 운동을 하지 않는 할아버지	269
"좋아하는 일을 하니 행복하시죠?"라는 말에 대하여	273
'머리로는 안다'는 말의 유해함에 대하여	277
괴테가 들려주는 노인을 위한 5가지 지혜	280
인생이라는 정원보다 근사한 공간은 없습니다	284

1장

고난이 있을 때마다
내가 어떤 사람인지를 깨닫는다

- 태도 -

Johann Wolfgang von Goethe

천천히, 그러나 쉬지 않고
성장하는 삶

당신의 젊은 나날을 온전히 활용하고

배워야 할 때를 놓치지 마세요.

그리하여 늦기 전에 좀 더 똑똑해져야 합니다.

운명을 결정하는 커다란 저울은

평형을 이루는 일이 거의 없으므로

당신은 그 위에 서든가

아니면 내려가야 합니다.

당신은 이겨서 지배하거나

아니면 복종하면서 빼앗겨야 해요.

승리의 환희를 즐기고 싶은가요.

아니면 패배의 고통을 견디고 싶은가요.
당신은 망치로 살면서 호령하거나
망치의 받침대로 살며 희생해야 합니다.

「코프타의 노래」

    누구나 처음 시작은 앞이 깜깜하기 마련입니다. 그럼에도 아주 천천히, 그러나 쉬지 않고 성장하는 사람들이 있습니다. 그들은 세상과 자신을 바라보는 삶의 태도가 이렇게 다르죠.

1 모두 각자의 힘든 전쟁을 치르고 있다.
2 나는 나만의 속도가 있으니 서둘지 말자.
3 외로워서 만난 사람은 날 더 외롭게 만든다.
4 주변의 반응이 아닌, 내 느낌이 더 중요하다.
5 시간이 흐르면 저절로 사라지는 것에 연연하지 말자.
6 내 삶의 불은 내가 스스로 켜는 것이다.

7   결국 내가 나아져야 모든 문제가 해결된다.

모든 삶에는 이유가 있습니다. 우리에게 젊은 나날이 주어진 이유도 따로 있죠. 하지만 그 삶을 멋지게 활용하는 사람도 있는 반면에 복종하며 활용당하는 사람도 있습니다. 태도만 바꾸면 삶이 바뀔 수 있습니다. 이 멋진 사실을 꼭 잊지 마시기 바랍니다.

때를 놓치면 모든 삶이 고통입니다.
조금이라도 젊을 때 깨달아야
변화를 시작할 수 있습니다.
내 삶의 불은 내가 켜는 것이고
내가 켠 불만이 나를 빛낼 수 있습니다.

반복이
내적 성장의 힘

앞이 보이지 않는 희미한 공간 속에서

눈과 비, 거센 바람을 이겨내며

안개를 헤치고 앞으로

그리고 또 앞으로

쉬지 않고 나가겠습니다.

나는 세상이 주는 온갖 기쁨만 누리는 것보다

스스로 선택한 괴로움을

하나하나 이겨내는 하루를 보내겠습니다.

스스로 선택한 마음이 주는 괴로움은

아무리 커도 아프지 않으니까요.

숲을 관통해야 하는 것인가요,

대체 나는 어디로 가야 하나요?

그러나 방향을 고민하는 건

모두 헛된 일임을 깨닫습니다.

내가 내 삶을 사랑하는 동안

삶의 왕관인 행복이

쉬지 않고 나와 함께하니까요.

「쉬지 않고 앞으로」

무언가 하나를 선택하고 반복하는 것만으로도 인생이 주는 행복을 즐길 수 있다는 괴테의 조언이 참 아름답습니다. 책 한 권을 수백 번 반복해서 읽고, 하나의 루틴을 10년 넘게 유지하는 사람을 보면 저절로 이런 말이 나옵니다.

"너는 지루하지도 않니? 그 지루한 걸 반복하다니 대단하다."

하지만 그건 크게 착각하고 있는 겁니다. 이걸 자각해야 삶의 변화를 꿈꿀 수 있습니다. "그거 지루해서 어떻게 하냐?"라는 말은 지극히 개인적인 판단이기 때문이죠.

저는 1년에 딱 한 권의 책만, 그것도 괴테의 책만 반복해서 읽지만 조금도 지루하지 않습니다. 동시에 원고지 50매 분량의 글을 매일 쓰지만 마찬가지로 지루하지 않습니다. 만약 지루했다면 저는 그걸 일주일도 해내지 못했을 겁니다. 괴테의 말처럼 이게 핵심입니다. 누군가 같은 일을 반복해서 해냈다면 그는 그 반복을 지루하게 느끼지 않고 있다는 증거입니다. 그 행복한 과정은 이렇게 이루어집니다.

1 매일 다른 질문을 가슴에 품고 산다.
2 그 질문의 눈으로 세상을 본다.
3 답으로 나온 것들을 글로 써서 붙잡는다.

이렇게 세 가지 과정으로 하루를 살면 지루하지 않게 뭐든 반복할 수 있습니다. 그리고 그렇게 행복한 반복을 통해 내적 성장이 이루어집니다.

　　～

　　하나의 질문은 하나의 세계입니다.

　　질문의 눈으로 세상을 바라보면

　　세상은 반드시 가장 근사한 답을 줍니다.

　　세상에 지루한 일은 없습니다.

　　질문 없는 삶만 있을 뿐이죠.

최고의 인격자는
스스로를 나아지게 하는 사람

자신의 한계를 극복한 사람은
늘 이렇게 말합니다.
"이 세상 사람들의 최고 행복은
오직 인격에 있다."

어떤 세상에서든
자기 자신을 잃지 않는다면
누구든 어떤 삶도 이겨낼 수 있습니다.
하지만 지금 상태로 안주하면
결국 모든 것을 잃게 됩니다.

「줄라이카 시편」

보통 인격자라고 하면 도덕적인 부분을 조명하기 마련입니다. 착하거나 남을 돕는 사람을 부르는 말이죠. 하지만 괴테는 전혀 다른 지점을 언급함으로써 본질에 다가갑니다.

최고의 인격자는 스스로를 돕는 사람입니다. 자신도 하지 못하는 것들을 남들에게 강요하고 지시하는 사람이 아니라 어떤 상황에서도 스스로 해내며 성장하는 사람을 인격자라고 정의한 것이죠. 멋진 희망이나 목표가 있다면 그렇게 스스로 증명해야 아름답습니다.

어제보다 나은 내가 된다는 건
어제의 한계를 극복했다는 증거입니다.
나는 나를 돕는 사람입니다.
최고의 인격은 스스로 나아져서
사랑하는 사람들의 모범이 되는 것에 있습니다.

너무 잘하려고
애쓰지는 마세요

모든 산의 정상에는

지상에는 없는

고요가 있습니다.

나무의 맨 꼭대기 줄기에도

인간은 느낄 수 없는

고귀한 숨결이 있습니다.

그래서 오히려 새들은

숲에서 잠잠합니다.

부디, 기다리세요.

머지않아 당신도

그 하루의 끝에서

평온하게 쉴 수 있습니다.

「평온한 삶」

노년이 된 괴테는 어느 날 자신의 삶을 돌아보며 이렇게 고백했습니다.

"나는 마음 놓고 쉰 적이 없다. 늘 바쁘게 무언가를 하며 살았기 때문이다."

괴테는 정말 애를 쓰며 살았습니다. 그래서 이런 시도 쓸 수 있었죠. 이 시를 통해 괴테는 우리에게 충고합니다. 애를 쓴다고 잘할 수 있는 것도 아니고, 혹시 우연히 잘할 수 있게 된다고 해도 자신을 소모하며 이룬 결과는 내면에 좋은 영향을 주기 힘들다고요. 무엇보다 어떤 영역에서든 잘하기 위해서는, 애쓴 시간이 아니라 즐긴 시간이 필요하다고 말이죠.

애를 쓰면서 무언가를 해내려는 의지를 갖게 되면 때에 맞게 올바른 것을 잡으려고 하는 게 아니라 익숙한 것을 잡으려고 손을 내밀게 됩니다. 이건 정말 중요한 차이입니다. 자신을 재촉하고 몰아세우면 결국 불행한 결과를 낳습니다. 순간순간이 주는 새로운 즐거움을 전혀 모르고 결과를 내기 위해서만 사는 사람이 되는 것입니다.

~

지금 주어진 순간을 즐기세요.
익숙한 것을 빠르게 해낼 생각은 접고
이 순간이 내게 들려주는 이야기를 경청하면서
그때그때 맞는 것들을 붙잡아
내면에 차곡차곡 쌓으세요.
그럼 즐기며 성장하게 됩니다.

값싼 시간과
값비싼 행복

당신은 대체 어디까지
헛되이 헤맬 생각인가요?
부디 여길 보세요.
좋은 것은 언제나
당신 가까이에 있습니다.

행복은 언제나
그대 눈앞에 있으니
이제는 그걸 붙잡는
방법만 배우면 됩니다.

「훈계」

"오빠, 이 와인 검색해 봐. 이거 다른 마트보다 싼 것 같아!"

"그래, 내가 찾아볼게."

대형마트에서 와인 행사를 하면 쉽게 만나볼 수 있는 연인의 풍경입니다. 저는 그 모습을 풍경이라고 부르고 싶습니다. 사실 그들이 구매하는 와인은 대부분 3만 원 이하이기 때문에 다른 마트보다 기껏해야 1천 원, 많아야 3천 원 정도 저렴할 뿐입니다. 최대 3천 원 정도 이득을 볼 수 있는 그 일에, 그들은 자신의 시간을 30분 가까이 투자한 셈이죠. 저는 이번에는 그걸 투자라고 말하고 싶습니다. 이유는 간단합니다.

그들은 '값싼 시간'을 버리는 대신 '값비싼 행복'을 잡았으니까요. 그 연인의 분주한 모습이 저에게는 어떤 예술가도 표현할 수 없는 따뜻한 풍경화처럼 느껴졌습니다. 실제로 십몇 분 만에 그 연인은 서로를 행복한 표정으로 바라보며 이렇게 결정을 내렸죠.

"좋아, 이게 2천 원이나 싸네. 우리 이거 사자!"

같은 말도 누가 어디에서 들려주느냐에 따라서 느껴

지는 온기가 다릅니다. 시간이 중요하다는 당신의 말도 맞습니다. 시간은 누구에게나 소중한 재산입니다. "야, 그냥 사. 뭐하러 가격을 비교하고 있냐?", "고민할 시간에 일을 하면 와인 한 병 더 살 돈을 벌겠다!"라고 말하며 그냥 구입할 수도 있죠. 하지만 괴테는 행복이 언제나 우리 눈앞에 있다고 했습니다.

가끔은 일상에서 즐길 수 있는 행복의 빈도를 높이기 위해, 시간을 값싸게 소비하고 대신 값비싼 행복을 손에 쥐는 것도 자신을 위한 따뜻한 선택 아닐까요.

시간은 쓰는 사람의 것입니다.

그냥 두면 쓸모없이 사라지죠.

시간을 투자해서 무엇을 살 것인가?

그 답이 내 인생의 방향을 증명합니다.

잘되지 않는 나도
충분히 괜찮다는 무해한 마음

당신도 자신의 육체가

감옥이라는 사실을 알고 있나요?

영혼은 단지 속아서

그 안에 갇혀 있는 것입니다.

그 좁디좁은 공간에서

영혼은 팔꿈치도 마음대로 펼 수 없습니다.

벗어나려고 온갖 애를 써보지만

그럴수록 오히려 육체를 감싼 쇠사슬이

더 강력하게 몸을 칭칭 감아버리죠.

「술집 소년 시편」

어디에서 무엇을 하든 잘되는 건 너무나 어려운 일입니다. 최선의 노력이 최고의 결과를 보장해 주는 건 아니니까요. 최고의 예술가와 기업인, 작가와 철학자를 만나며 저는, 그들의 삶을 관통하는 이런 문장을 만날 수 있었습니다.

"오늘까지는 대중의 사랑을 받았지만 내일부터는 나도 잊힐 수 있어. 아무도 기억하지 못할 수도 있지."

오해하지 마세요. 그건 그들이 부족해서가 아닙니다. 오히려 잘되는 게 너무나 어려운 일이라는 사실을 누구보다 잘 알고 있어서 '기분 좋은 불안감'을 반복해서 자신에게 주입하는 것이죠.

'잘되지 않으면 어쩌지'라는 기분 나쁜 불안이 아닌 '잘되지 않는 나도 충분히 괜찮아'라는 기분 좋은 불안감을 자신에게 선물해 보세요. 그게 바로 자신을 위한 무해한 마음입니다. 그렇게 되면 두렵지만 한 걸음 더 나아가는 작은 기쁨을 안전적으로 즐길 수 있게 됩니다.

잘되는 건 원래 힘든 겁니다.

누구나 쉽게 해낼 수 있는 게 아니죠.

하지만 잘되지 않는 자신을

여전히 사랑하는 건

언제든 할 수 있는

내게 무해한 마음입니다.

가장 단순한 삶이
가장 단단한 이유

나는 정직하게 살았지만

잘못도 많이 저질렀습니다.

그래서 참 오랫동안

안절부절못하면서 살아왔죠.

인정받을 때도 있었지만

반대의 경우도 있었습니다.

'이런 고민이 대체 무슨 의미가 있나?'

싶어 사기꾼이 되려고도 생각했어요.

그러나 아무리 생각을 해도

그건 말도 안 되는 짓이었죠.

내 가슴이 찢어질 듯한 고통 속에서

저는 이런 결론을 내렸습니다.
'정직이 최선의 방책이다.'
조금 평범하게 느껴질 수 있지만
이게 가장 단단하게 사는 방법입니다.

「명상 시편」

    방향이 중요합니다. 여기에서 괴테가 말하는 정직이란, 남이 아닌 자기 자신을 향한 정직입니다. 어떤 경우에도 스스로를 속이지 말라는 조언이죠. 누구보다 단단한 삶을 살고 싶다면 자기 자신에게 정직하면 됩니다. 제가 늘 실천하는 사례로 설명하겠습니다.
    하루는 상대가 약속 시간보다 30분 정도 늦게 도착했습니다. 그는 정말 미안한 표정으로 저에게 사과했어요. 하지만 저는 웃으며 이렇게 답했습니다.
    "조금도 미안해할 필요가 없습니다. 덕분에 기다리는 동안 글을 세 편이나 완성했어요. 오히려 감사합니다."

저는 자신에게 이런 약속을 했었거든요. '중간중간 시간이 나면 그냥 흘려보내지 말고, 틈틈이 글을 써서 남기자.' 만약 제가 그때 글을 쓰지 않았다면 그를 기다리는 내내 마음에 분노라는 감정만 소비했을 것입니다. 그건 스스로를 망치는 일이죠. 남는 게 하나도 없고요. 하지만 그 시간에 글을 쓴 덕분에 저는 버려질 수 있었던 제 시간을 오히려 활용했고, 상대에게 화를 내기보다는 고마운 마음을 전할 수 있었습니다.

글쓰기만이 답은 아닙니다. 스스로 자신과의 생산적인 약속을 몇 개 만들어보세요. 가장 힘든 순간 그 약속이 여러분의 하루를 단단하게 지켜줄 겁니다.

~

흔들리지 않는 단단한 삶을 살고 싶다면
자신과의 약속을 지키며
누구보다 자기 자신에게 정직해야 합니다.
내가 나를 믿고 존중할 때
삶은 더 단단해집니다.

어떤 상황에서든 심각해지면
나만 손해

한 마리 잠자리가 우물가에서

흩날리는 명주 천 같은

고운 날개를 펄럭이고 있습니다.

카멜레온같이 진해졌다가

이내 옅어지면서

때로는 빨갛고 파랗게,

때로는 초록색으로 바뀝니다.

좀 더 가까이 다가가서

그 빛을 선명하게 보고 싶습니다.

아, 순간 잠자리가 내 곁으로 지나가서

버들가지에 조용히 앉습니다.

그런데 잡아서 찬찬히 살펴보니
음울하도록 짙은 푸른빛입니다.

자신에게 찾아온 온갖 기쁨을
분석하고 있는 당신도
같은 경험을 하게 될 것입니다.

「기쁨」

   진지한 마음으로 읽다가 마지막 부분에서 웃음이 나지 않았나요? 저도 그랬습니다. 괴테는 자연 속에서 잠자리의 아름다움을 관찰하다가 이런 결론을 냈습니다.
   '너무 심각해지면 나만 손해다.'
   우리는 자주 이와 같은 실수를 합니다. 행복한 일과 기쁜 소식이 찾아오면 그냥 그 소식 자체를 즐기면 되는데 자꾸만 분석하려고 하죠. 반대의 경우도 마찬가지입니다.

같은 사람도 그날의 기분에 따라서 어떤 상황에 대한 반응이 달라질 수 있습니다. 그건 그 사람이 변덕스럽거나 나쁜 마음을 가져서가 아니라 그저 그날그날의 기분이 다르기 때문입니다. 그럴 때는 분석하려고 가까이 다가가는 것보다는, 다음과 같이 생각하며 여유롭게 넘기는 게 좋습니다.

1   그래, 그럴 때도 있는 거야.
2   모든 걸 다 이해할 수는 없지.
3   뭔가 다른 이유가 있겠지.
4   오늘은 기분이 별로인가 보네.
5   내일 이야기 나누는 게 좋겠다.

굳이 하나하나에 예민하게 반응하면 결국 트집을 잡게 되고 나만 손해를 본다는 걸 기억하세요. 심각하지 않아야 내 감정과 시간을 아껴서 필요한 일에 투자할 수 있습니다.

좋은 일이 찾아오면

그 자체를 열심히 즐기면 됩니다.

하나하나 심각하게 분석하는 건

오히려 자신을 괴롭히는 행위입니다.

즐길 수 있을 땐 즐기는 게 최선입니다.

주위 사람의 좋은 점을 찾아
다정한 말로 전해주는 일

이런저런 저급한 표현으로

당신의 결점에 대해 언급하는 사람들은

알고 보면, 당신이 받는 고통의

몇 배나 큰 고통을 자신에게 주며

스스로를 괴롭히고 있습니다.

차라리 다정한 표현으로

당신의 장점을 알려주는 게

그들에게 더 좋은 선택이었을 겁니다.

그러니 언제나 사려 깊고

진실한 마음으로

더 좋은 것을 선택하는 게 좋습니다.
부디 최상의 것을 놓치고
지나가는 일이 없기를 바랍니다.

「명상 시편」

저급한 표현은 자신의 낮은 수준을 증명하는 행동입니다. 그러니 타인의 장점을 찾아 가장 다정한 표현으로 알려주라는 괴테의 조언입니다.

주변을 둘러보면 늘 타인에게서 단점만 찾아내거나, 불만을 갖고 무작정 의심하거나, 듣기 싫은 말만 하는 사람이 있습니다. 반대로 타인에게서 늘 장점만 찾아내 '가장 따스한 표현'이라는 세상에 단 하나뿐인 리본을 달아 전해주는 사람도 있죠.

처음에는 모두 같은 공간에서 같은 것을 보며 살아도 시간이 지나면 점점 살아가는 공간과 지적 수준이 달라지게 됩니다. 내면의 두께와 세상을 바라보는 시야도 차이가 나게 되고요. 인간은 결국 자신이 보고, 듣고, 느낀 것을 내면에 담으며 성장하게 됩니다. 세상과 타인에게서 늘 장점만 찾아 다정한 말로 전해주는 사람들의 지적 수준은 나날이 높아질 수밖에 없습니다.

타인에게서 좋은 점을 찾아내
다정한 말로 들려주는 건
오히려 자신에게 좋은 일입니다.
돈으로도 살 수 없는 값진 지성을
자신의 내면에 차곡차곡 담는 것이니까요.

좋아하는 일로
삶을 일으키고 싶다면

이제 모든 숲이 온전히 성장했으니

그대들도 숲처럼 용기를 내세요.

자신만을 위해 즐겼던 것을

남들도 즐길 수 있도록 해요.

그럼 그 누구도 그대들을

혼자만 좋은 것을 즐긴다며

원망하지 않을 것입니다.

이제 인생의 모든 과정에서

즐길 수 있어야 합니다.

「눈앞에 나타난 과거」 중에서

극단적으로 말해서, 좋아하는 일을 해보고 싶은데 이게 돈이 되지 않을 것 같아 고민이라면, 방법은 간단합니다. 당신이 생각하는 돈이 되는 일을 하세요. 그리고 좋아하는 일은 가슴에 묻고 영영 잊고 살면 됩니다. 돈을 벌고 싶다면 돈이 되는 일을 해야 나중에 후회가 없죠.

하지만 그럼에도 불구하고 좋아하는 일에 인생을 걸고 싶다면, 이 사실을 기억하면 됩니다. 좋아하는 일을 하려면, 돈이 되지 않아 힘든 고독의 나날도 웃으며 넘길 수 있을 정도로 그 일을 좋아해야 하고 물질의 유혹에서 자유로워야 합니다.

만약 당신이 고독마저도 웃으며 즐길 정도가 아니라면, 당장 돈이 되는 일을 하는 게 좋아요. 그런 사람은 괜히 나중에 불평하고 후회하며 자신을 아프게 만드는 인생을 살게 될 가능성이 높기 때문입니다.

자, 이제는 결정의 시간입니다. 좋아하는 일을 선택해도 좋고, 돈을 선택해도 좋습니다. 세상에 나쁜 선택은 별로 없습니다. 가장 나쁜 건 시간만 보내다가 결국 남이 선택해 준 길로 억지로 끌려가는 것이죠. 여러분의 마음은 무엇을 원하고 있나요?

　

이게 돈이 되냐고 묻지 마세요.

그냥 돈이 되는 걸 하세요.

잘되지 않는 고독의 시간마저도

웃으며 보낼 수 있어야

내가 좋아하는 일이

내 삶을 일으킬 수 있습니다.

가장 평온한 상태를 유지하며
묵묵하게 해내는 사람들

나는 지금 고전으로 가득한 이 땅에서
희열에 찬 상태로 마음이 들떠 있습니다.
과거와 현재가 동시에 내게 소리를 지르며
자신의 매력이 무엇인지 전해줍니다.

아, 저는 그들이 권유하는 방법으로
여기저기 부지런히 다니며
위대한 작품을 관찰하고 있습니다.
날마다 새로운 기쁨을 즐기고 있어요.

그들이 나에게 가르쳐주는 것은 하나이지만
내가 느끼는 행복감은 두 배나 됩니다.

나는 생각하고 또 비교합니다.

눈으로 만지듯 탐색하고

손으로는 감각을 느낍니다.

「로마의 비가(悲歌) 5」

괴테가 문학, 철학, 광물학, 색채학 등 수많은 분야에서 늘 자기만의 새로운 깨달음을 얻을 수 있었던 힘은 이 시에서 이야기하듯 생각하고 탐색하는 삶에 있었습니다. 하지만 그보다 더 중요한 본질이 하나 있죠.

바로 '여기에 뭔가 있다'라는 확신입니다. 그 확신이 그를 생각하게 했고, 탐색을 시작하게 만들었죠. 그는 늘 긍정에서 하루를 시작했습니다. 덕분에 지치지 않고 사는 내내 성장하는 현역으로 활동할 수 있었습니다.

시니컬한 사람은 금방 지칩니다. 게다가 불만만 가득한 사람은 시작도 하지 않아요. 어떤 상황에서도 가장 평온한 상태를 유지하며 묵묵하게 해내는 사람들은 "반드시 끝까지 가자!"라며 강하게 외치지도 않습니다. 대신 이렇게 생각하며 강물처럼 머물죠.

"여기에 뭔가 있으니 그걸 믿고 매일 꼬박꼬박 조금씩 꾸준히 해보자."

끝을 보려는 마음은 결국 중간에 멈추게 만듭니다. 어떤 일이든 끝은 존재하지 않기 때문입니다.

우리는 끝을 보려고 사는 게 아닙니다.
매일 조금씩 나아진 나를 보려고 사는 거죠.
끝은 내가 결정할 수 있는 게 아닙니다.
오늘 이 순간을 사는 게 가장 큰 행복입니다.

브레이크를 밟은 상태로
운전을 할 수는 없습니다

조가비에서 빠져나온 아름답고

고귀한 태생의 진주가

착한 보석상 남자에게

이렇게 신세를 한탄했습니다.

"나는 이제 정말 틀렸습니다.

당신은 곧 내 몸에 구멍을 뚫겠죠.

그럼 나의 아름다운 것들은

모두 다 망가질 것입니다.

게다가 나중에는 천한 것들과

하나로 엮이는 신세가 되겠죠."

그러자 보석상 남자는 이렇게 답했습니다.
"내가 생각하는 건 당장의 이익입니다.
부디 이 마음을 너그럽게 이해해 주십시오.
내가 여기에서 잔인한 선택을 하지 않으면
세상에 존재하는 진주 목걸이나
팔찌는 생기지 않을 겁니다."

「조가비에서 빠져나온 진주」

    보석상 남자의 삶은 괴롭습니다. 스스로 당장의 이익을 위해서 잔인한 선택을 할 수밖에 없다고 말하죠. 이 부분에서 가장 중요한 건 그가 자신의 현재 상태를 선명한 언어로 표현하고 있다는 사실입니다. 그래서 조가비에서 나온 진주도 더는 할 수 있는 말이 없었죠. 그가 잔인한 선택을 하지 않으면 아름다운 진주 목걸이는 탄생하지 않을 테니까요.

    누구나 삶에서 이와 비슷한 현실을 목격하거나 경험

하게 됩니다. 그럴 때는 자신의 상황을 제대로 말할 수 있어야 합니다. "미안해서 할 수 없어. 그러나 나는 해야만 해." 이런 말은 오해와 혼란을 낳을 뿐입니다.

세상에 브레이크를 밟은 상태로 운전하는 사람은 없습니다. 그런 상태로 운전하면 차가 금방 망가질 뿐이죠. 인생도 마찬가지입니다. 자신을 믿지 못한 상태로 살아가는 건 브레이크를 꽉 잡은 상태에서 엑셀을 밟는 것과 같습니다. 결국에는 인간에게 가장 중요한 내면이 완전히 파괴되고, 스스로를 믿지 못하는 최악의 상황에 놓이게 되죠.

간혹 글을 써서 저에게 보여주며 평가를 부탁하는 사람이 있습니다. 그럴 때마다 저는 평가 대신에 이런 말을 돌려줍니다.

"작가라면 자신이 쓴 글에 대한 확신이 있어야 합니다. 누구에게도 평가를 부탁하지 마세요. 자신이 쓴 글이 최고라고 외칠 수 있어야 합니다."

물론 평가가 필요할 때도 있죠. 다만, 이 사실을 기억해야 합니다. 스스로 자신을 믿을 수 없다면 어떤 평가도

무의미하다는 사실을요.

~

누군가의 평가에 기댄다는 건

자신의 창조물을 경멸하는 것과 같습니다.

내가 내 선택을 귀하게 여길 때

세상도 나를 귀하게 대접합니다.

내가 살아 있다는 것이
나의 가장 큰 가능성

신선한 공기와

빛나는 태양,

맑은 물, 그리고

친구들의 사랑.

이것만 있다면

희망을 품을 수 있으니

부디 그대여,

조금도 낙심하지 마세요.

「용기」

나의 실수는 모든 사람이 알고 나만 모를 수 있지만, 나의 거짓말은 모든 사람이 모르지만 나만은 알고 있습니다. 그래서 거짓말은 자신에게 매우 위험합니다. 아무도 몰라서 지적할 수 없으니 스스로 반성해서 고쳐야 하기 때문입니다.

괴테의 말처럼 우리에게 물과 친구, 사랑이 있다면 희망을 품을 수 있습니다. 이건 누구에게나 주어진 모두의 재산이죠. 그러니 평정심만 잃지 않으면 누구든 내일의 희망을 자신의 것으로 만들 수 있습니다.

세상에서 가장 고귀한 사람은 자신에게 좋은 일이 생기거나 반대로 최악의 일이 생겨도 한결같이 마음의 평정을 잃지 않는 사람입니다. 늘 자신에게 분노하고 화를 낸다면, 나는 나의 주인이 될 수 없습니다.

내가 실수하고 분노해도 나를 참아주는 존재가 바로 나의 주인입니다. 분노를 참지 못하면 자기 삶의 주도권을 타인에게 빼앗기게 되죠. 삶을 주도하고 싶다면 감정을 제어할 수 있어야 합니다. 그러니 평온한 마음으로 '나는 할 수 있다'고 생각하세요.

그 시절 괴테는 "지금 이 순간 모든 사람은 젊고 아름답다"고 노래했습니다. 하지만 이런 사실을 기억할 필요가 있습니다. 멋진 젊음은 누구에게나 주어지지만, 근사한 노년은 모두에게 주어지지 않습니다. 스스로의 노력으로 쟁취해야 하는 것입니다.

지금 내가 숨을 쉬며 살아갈 수 있다면
나는 무엇이든 할 수 있습니다.
내가 살아 있다는 것이
나의 가장 큰 가능성입니다.

인생에서 변하지 않는
두 가지 정답

나는 잘 알고 있습니다.

내가 진실로 가지고 있는 건

지금도 내 영혼으로부터

쉴 새 없이 터져 나오는 생각과

내게 좋은 마음을 갖고 있는 운명이

순간순간 전해주는

유익한 일상이라는 사실을 말이죠.

「내가 가지고 있는 모든 것」

우리가 불안해하고 고민하는 이유는 어떻게 살아야

하는지 제대로 모르기 때문입니다. 앞이 막막하고, 나이만 드는 것 같아서 아침에 일어날 때마다 자꾸만 불안해지죠.

'이렇게 사는 게 맞나?'

'내가 과연 제대로 하고 있는 건가?'

그러나 괴테가 강조한 것처럼 우리의 삶은 각자 존재하는 그대로 아름답습니다.

인생에는 변하지 않는 두 가지 정답이 있습니다. 먼저 우리의 존재는 우리가 가진 생각으로 그 가치를 정할 수 있다는 사실이고, 나머지 하나는 일상이 우리가 가진 최고의 재산이라는 사실입니다.

그래서 여러분은 지금 어디에서 무엇을 하든 모두 잘 살고 있다고 생각하면 됩니다. 삶에 대한 고민을 한다는 것 자체가 일상의 사색가로 살고 있다는 가장 분명한 증거입니다.

너무 심각하게 생각하지 마세요. 당신은 충분히 괜찮습니다. 괜찮아요, 정말 다 괜찮습니다.

지금 이대로 충분합니다.

고민하며 산다는 것 자체가

이미 잘 살고 있다는 증거입니다.

나는 나대로 살겠습니다.

내게 주어진 생각과 일상을

평생 사랑하며 살겠습니다.

나는 나를 모두 쓰고
떠날 것입니다

우리는 어디에서 태어났나요?

사랑에서.

우리는 왜 점점 희미해지나요?

사랑이 없어서.

그럼, 우리는 무엇으로 자신을 극복할 수 있죠?

사랑으로.

우리는 무엇으로 사랑을 찾아낼 수 있나요?

사랑을 통해서.

우리를 울지 않게 해주는 건 무엇입니까?

그것도 사랑입니다.

무엇이 우리를 하나로 연결해 주나요?
오직 사랑이.

「슈타인 부인에게 보내는 편지에서」

우리는 사랑하는 사람에게서만 무언가를 배울 수 있습니다. 그리고 사랑하는 사람은 길을 잃지 않죠. 아무리 힘든 상황에서도 자신에게 주어진 모든 것을 누리며 살기 때문입니다.

여러분의 재능, 시간, 공간, 소중한 사람들……. 이 모든 것을 기억하세요. 사랑하는 사람들은 결코 자신에게 주어진 것들을 쉽게 지나치지 않습니다. 더는 바람에 흩날리듯 살지 말고, 여러분 자신을 마음껏 누리세요.

가끔 걸음을 멈추고 자신에게 다음 일곱 가지 질문을 던져보세요. 그럼 바쁘게 살다가 후회만 하게 되는 안타까운 삶에서 벗어나 사랑이 가득한 하루를 보낼 수 있게 됩니다.

1 최근 내가 본 것 중 가장 위대한 건 뭐였지?

2 지금 내게 가장 소중한 사람은 누굴까?

3 요즘 내가 가장 자주 쓰는 표현이 뭐지?

4 나는 내게 다정한 사람인가?

5 요즘 나는 감정적인가, 이성적인가?

6 주변 사람들에게 예쁜 말을 하고 있나?

7 사라지는 시간보다 가치 있는 일을 하고 있나?

사랑하는 사람들은 자신을
모두 다 쓰고 사라집니다.
나는 내게 주어진 모든 것을
아낌없이 모두 다 쓰고 떠날 겁니다.

2장

무례하고 냉혹한 시대를
차분하게 건너는 법

- 관계 -

Johann Wolfgang von Goethe

가장 덧없는 것들이
가장 아름다운 이유

"아, 제우스여.

제 인생은 왜 덧없는 건가요?"라고

'아름다움'이 물었습니다.

그러자 신은 이렇게 답했습니다.

"덧없는 것들만

내가 아름답게 만들었거든."

「인생이 덧없는 이유」

읽으면 읽을수록 참 아름다운 괴테의 시입니다. 돌아

보면 모든 사람의 인생은 참 덧없습니다. 나이 들수록 더욱 실감이 나면서 "인생 참 덧없다"라는 말을 한숨처럼 내뱉게 됩니다.

그러나 덧없는 것이 곧 아름다운 것이라는 괴테의 시를 차분하게 읽고 조용히 생각해 보면 아름다운 것일수록 오히려 덧없이 느껴진다는 귀한 인생의 진리를 발견하게 됩니다.

그 시절, 그 온기, 그리고 내가 미치도록 사랑했던 사람들……. 그것들이 참 덧없이 느껴졌던 이유는 내 인생에서 그 장면이 찬란하도록 아름다웠기 때문입니다. 그렇습니다. 연인과 가족, 지인과 친구, 꿈과 작은 소망 하나까지 참 덧없이 느껴졌던 모든 것들은 지나고 나서 생각해 보니 다 아름다웠습니다.

빛나도록 찬란하고
또 아름다운 것들은
모두 다 덧없게 사라져서

별처럼 은은하게

내 삶을 고요히 비추어줍니다.

대화란 그 사람이 보여주는 영화 속에 잠시 빠져드는 것

모두의 말에는 일리가 있습니다.
그러나 말은 쉽게 통하지 않는다는 것이
너무나 분명해서 문제입니다.

말은 부채와도 같은 존재입니다.
부채의 뼈대와 뼈대 사이로
두 개의 고운 눈이 바깥을 봅니다.

부채는 그저 예쁜 베일에 불과합니다.
부채는 서로가 보이지 않게
얼굴은 가릴 수 있지만
그 소녀를 숨길 수는 없습니다.

그녀의 아름다운 두 눈이 나의 눈에

수많은 말을 들려주고 있으니까요.

「눈으로 들려주는 말」

  좋은 대화란 무엇일까요? 언어로도 소통을 할 수 있지만 눈빛이 보여주는 세계가 따로 있죠. 괴테는 그 세계의 가치를 매우 높게 평가했습니다. 언어가 서로 달라서 말이 통하지 않던 사람과 눈빛으로 대화를 나누면 서로에게 빠져드는 기분 좋은 순간을 경험할 수 있는 것처럼 말이죠.

  만나면 가슴이 따뜻해지면서 동시에 좋은 마음이 드는 사람이 있습니다. 좋은 사람과 대화를 나누면 느끼게 되는 감정이죠. 그들에게는 이런 공통점이 있습니다.

  1   상대의 말을 감상하듯 듣는다.
  2   표정과 눈빛까지 마음에 담는다.

3 차분하게 바라보며 순간을 즐긴다.

말은 귀로 듣는 것이라고 생각할 수 있지만, 이렇게 세 가지 태도를 가진 사람은 마치 영화를 감상하듯 상대방이 보여주는 모든 것을 눈으로 보며 마음에 담습니다. 그래서 좋은 대화는 언제나 그 끝에서 수많은 영감이 선물로 주어집니다.

표정과 눈빛까지 담겠다는 마음으로
대화를 나누는 사람에게는
늘 좋은 영감과 아이디어가 가득합니다.
모두 대화를 통해서 얻게 된 것들이죠.
상대방이 보여주는 영화를 즐겨보세요.
더욱 다채로운 대화를 나눌 수 있습니다.

힘 빠지게 만드는
모든 소음을 지우기

모든 이의 일상에서

가장 중요한 건 무엇일까요?

몸이 좀 더 건강해지는 것?

힌트를 하나 드리죠.

모두가 즐겨 듣는 음악은

완전히 다듬어진 음입니다.

그런 음악을 창조하려면

필요 없는 건 다 지워야 합니다.

그대가 걸어가는 길에서

방해하는 모든 것을

아낌없이 치워버리세요.

그대의 불행을 열망하는
모든 존재를 제거해야 합니다.
꿈을 품고 있는 사람이라면
노래하기 전이나 멈추기 전까지
일단은 살아 있어야 하니까요.

그리하면 내면에서 나오는
일상의 메아리가
영혼 속에서 울려 퍼지며
심장으로 느끼던 불안한 마음도
평온한 자리를 찾게 될 것입니다.

「담대한 일상」

"네가 과연 할 수 있을까?"
"세상이 만만한 줄 아네!"
"주제를 알아야지!"

꿈을 품고 사는 사람에게 이런 말로 불행을 열망하는 사람들이 있습니다. 정말 이해하기 어렵지만, 상식으로는 설명할 수 없는 그런 사람들이 꼭 있어요.

만일 그런 사람이 여러분 주변에 있다면, 아무리 가까운 사이라고 해도 치워야 합니다. "오래전부터 친한 사이라서 안 보고 살 수 없는데, 그럼 어쩌죠?"라는 질문을 던지는 분이 참 많습니다. 그래도 답은 하나입니다. 가족이든 지인이든, 그게 누구든 치워야 합니다.

사실 그런 질문조차 핑계일 수 있습니다. 마음이 아프기 때문이죠. 그러나 그게 바로 괴테가 말하는 몸의 건강보다 중요한 내면의 건강을 생각하는 일입니다.

몸이 아무리 튼튼해도 주변을 이런 사람으로 채우면 그 튼튼한 몸을 어떤 곳에도 쓸 수 없게 됩니다. 물론 그들의 존재를 치워버릴 수 없는 다양한 이유가 있을 겁니다. 그러나 이제 그런 변명은 하지 말아야 해요. 딱 하나만 묻습니다.

"그 모든 것이 여러분 자신의 인생보다 소중한가요?"

하겠다고 다짐하면 할 수 있는 방법이 떠오르기 마련

입니다. '내가 과연 할 수 있을까?'라는 불가능을 단정짓는 질문은 버리고 '그렇게 살기 위해서 지금 무엇을 하면 좋을까?'라는 가능성에서 시작한 질문을 던져보세요. 그럼 더 담대한 하루를 만날 수 있게 됩니다.

나의 에너지는 모두 나의 것입니다.
분노와 비난으로 사는 삶은
결국 나의 소중한 에너지를
타인에게 투자하는 것과 같습니다.
나는 모든 에너지를 내게만 투자합니다.

당신을 오해한 것이 아니라
오해하고 싶었던 사람

비열하고 무례한 자를 두고
고통에 빠질 필요는 없습니다.

사람들이 뭐라고 해도
그 비열한 자가
가장 힘이 센 사람이지요.

그들은 나쁜 행동을 하면서도
오히려 막대한 이익을 가져가고
선한 사람들도 자신의 의지로 현혹시켜
움직이는 사람입니다.

그러니 그대여, 그런 역경에

왜 굳이 자신을 두려고 하나요.

비바람이 부는 대로

온갖 먼지가 흩날리는 대로

그냥 내버려두세요.

「방랑자의 편안한 마음」

　괴테는 비열하고 무례한 자들을 보며 힘이 센 사람이라고 했습니다. 나쁜 일을 하면서 오히려 더 많은 돈을 가져가고, 선한 사람들을 현혹해서 원하는 대로 움직이게 만드는 모습을 역설적으로 표현한 말이죠.

　살다 보면 주변에서 떠도는 이야기를 믿고 나를 오해하는 사람을 만나게 되죠. 그럴 때 우리는 안타까운 마음에 그 사람에게 이런저런 설명을 하며 관계를 망치지 않으려고 노력하기도 합니다.

　그런데 그런 노력이 성공한 적이 있었나요? 아마 거

의 없을 것입니다. 한 번 나를 오해한 사람은 계속해서 나를 오해할 가능성이 높기 때문입니다.

이유는 간단합니다. 그는 주변에서 떠도는 이야기를 듣고 당신을 오해한 것이 아니라 늘 당신이 마음에 들지 않아서 오해하고 싶었는데 마침 들리는 말을 쥐어 잡은 것에 불과해요. 그는 당신을 오해한 것이 아니라 오해하고 싶었던 사람입니다. 그래서 악의적으로 떠도는 말을 활용해서 못된 짓을 벌이기도 하는 것이죠.

이건 매우 큰 깨달음입니다. 결국 그들은 당신의 귀한 애정이나 설명의 노력을 받을 가치가 없는 사람입니다.

누군가를 오해하고 싶어서 눈에 불을 켜고
이런저런 소문에 탐닉하는 사람이 있습니다.
그들 마음에는 애정이라는 게 없습니다.
떠도는 말을 이유로
당신을 오해하는 사람이 주변에 있다면
그에게 애정을 주지 마세요.

잘될수록 인간관계는
좁아지기 마련입니다

활발하고 착한 사람을 보게 되면
이웃 사람들은 곧 그를 괴롭히려 듭니다.
그가 자신의 뛰어난 능력으로 활동하는 동안
세상 사람들은 때때로 그에게 돌을 던지기도 하죠.

그러다가 막상 그가 죽으면
그들은 거액의 기부금을 여기저기에서 모아서
힘든 인생을 살다가 떠난,
그의 삶을 기리기 위한 기념비를 세웁니다.

하지만 무엇이 우리에게 더 이익일까요?
그 착한 사람을 마음속에서

영원히 보내주는 것이

오히려 서로를 위한

지혜로운 선택일 수도 있습니다.

「활발하고 착한 사람」

　세상에서 가장 무서운 것이 질투입니다. 타인의 고통을 위로하며 안아주는 건 비교적 쉬운 일이지만 잘 아는 지인의 성공과 성장은 쉽게 축하해 주기가 무척 힘듭니다. 질투 때문이죠. 괴테는 바로 그 질투로 인해 일어나는 무서운 결과를 완벽하게 표현했습니다.

　그럼 우리는 어떻게 살아야 하는 걸까요? 인간관계에 대한 생각을 다시 정립해야 합니다. 보통은 인간관계를 계속해서 '넓히는 것'이라 여깁니다. 하지만 사실 인간관계는 넓히는 게 아니라 반대로 '좁히는 것'입니다.

　물론 젊은 시절에는 관계가 확장되면서 잘 모르는 사람들과 새로운 관계를 맺게 되죠. 하지만 어느 시점이 되면 만나는 사람의 수가 점점 줄어들게 됩니다. 그 이유가 뭘까요? 내 수준이 달라졌기 때문입니다.

자기 분야에서 어느 정도 위치에 오른 사람들에게는 의외로 지인이나 친구가 별로 없습니다. 관계를 맺고 유지하기 위해서는 말이 통해야 하는데 세상을 바라보는 수준이 달라지면 말이 통하지 않기 때문입니다.

괴테가 시에서 언급한 활발하고 착한 사람들이 자신의 수준에 맞는 사람들과 관계를 유지하며 그들하고만 소통했다면 최악의 결과는 만나지 않았을 가능성이 높습니다.

그러니 당신이 만나는 사람이 점점 줄고 있다면 오히려 기뻐할 일입니다. 그건 나와 잘 맞는 소수의 사람을 만났다는 증거이자 세상을 바라보는 수준이 높아졌다는 사실을 의미하니까요.

세상을 바라보는 수준이 높아지면
나랑 잘 맞는 소수의 지인만 남는 법입니다.

좁아지는 게 아니라 깊어지는 것입니다.

그래서 사람은 잘되면 잘될수록

주변에서 일어나는 싸움도 줄게 됩니다.

나를 아끼지 않는 사람에게
감정을 낭비하지 마세요

내 기쁨의 증거가 될

가련한 나의 노래여 안타깝구나.

지금 가면 다시는 오지 않을

내 아름다운 이 봄날.

너를 노래하던 나의 노래여

다정한 마음도 곧 떠나겠지.

나의 마음은 슬프게도

너를 위해 울겠지.

그러나 헤어진 후에

그들의 눈이 너를 본다면

지난날의 슬픔과 기쁨을 생각하며
우리가 가장 아름다웠던 나날의
빛과 어둠을 동시에 바라보리.

「나의 노래에」

괴테의 말처럼 기쁨과 사랑, 우리의 인생을 빛내는 모든 것들은 결국 사라집니다. 또한 시간도 결코 영원하지 않습니다. 감정 역시 마찬가지죠. 인간이 매일 쓸 수 있는 감정의 한계도 정해져 있어서 엉뚱한 사람에게 많이 소모하면 정작 소중한 사람에게 줄 감정이 남지 않습니다.

소중한 사람에게 더 많은 감정과 시간을 선물하고 싶다면 이 세 가지를 꼭 기억하세요. 그래야 인생을 더 값지게 즐길 수 있습니다.

1   내 이야기에 귀를 기울이는 사람에게 가세요.
2   내 시간을 아껴주는 사람에게 가세요.

3 내 공간을 소중히 대하는 사람에게 가세요.

'이야기'와 '시간' 그리고 '공간'이 가장 중요한 세 가지 기준입니다. 아끼고 소중하게 대한다는 말은 무엇을 의미할까요? 가치를 안다는 뜻입니다. 나를 아끼는 사람은 나의 가치를 아는 사람입니다. 정말 중요한 부분입니다. 그들과 함께 있으면 분쟁이나 다툼이 일어나지 않죠. 게다가 나 자신을 바라보는 나의 시선도 달라집니다. 괜히 내가 더 멋진 사람처럼 느껴지죠. 또한 하루하루가 즐겁습니다. 가치를 아는 사람들은 언제나 서로의 의견에 공감할 수 있기 때문입니다.

내 이야기를 경청하고

내 시간을 아껴주고

내 공간을 사랑하는 사람.

그들이 내가 가진 모든 것입니다.

무분별한 비난의 소리는
그냥 흘러가게 두기

건강하게 살기 위해서

우리에게 필요한 건 무엇일까요?

아름답게 만든 조화로운 멜로디는

누구나 즐겨서 들을 수 있습니다.

그대의 걸음을 막는

모든 것들을 물리치세요.

쓸모없는 것들은 그만두고

노래를 시작하든 노래를 멈추든

온몸으로 살아야 한다는

귀한 사실을 잊지 마세요.

그렇게 해야 생명의 강력한 힘이

우리의 영혼으로 휘몰아칠 것입니다.

그리하면 우리의 아픈 마음도

저절로 낫게 됩니다.

「담대한 인생」

말만 하면 혹은 글만 쓰면 아래의 예시처럼 반응하는 사람들이 꼭 나타납니다.

1   다 그런 건 아니잖아요?

2   그게 아니라 이거 아닐까요?

3   그 부분은 아닌 것 같은데요.

4   다르게 생각할 수도 있죠.

5   그건 이렇게 바꿔야 될 것 같아요.

겪어본 사람이라면 알겠지만 은근히 기분을 나쁘게

만드는 것이 바로 이런 의미 없는 반박, 반박을 위한 반박의 말들입니다.

살기 위해서는 말을 해야 하고, 성장하려면 글도 써야 하는데 아무렇지 않다는 듯 이런 식으로 말하는 사람 때문에 짜증이 나고, 내면에 상처를 입기도 합니다. 심지어 하고 싶은 것을 아예 그만두기도 하고요.

그런 말을 하는 사람의 특징은 '아니, 그런 말도 못 하냐?', '토론을 좀 하자는데 왜 뻣뻣하게 그러냐?'라는 논리로 더 당당하게 군다는 것입니다.

물론 틀린 건 배워야 하고, 모르는 건 깨우쳐야 합니다. 하지만 그런 식의 무례한 태도로 이루어지는 소통은 내게 도움이 되지 않습니다. 그러니 작정한 듯 시비만 거는 사람들의 반응은 무시하세요. 내면을 탄탄하게 유지하면서 성장하려면 그런 사람들의 트집과 지적, 무분별한 비난의 소리는 흘려듣고 지나가는 게 상책입니다.

~

나의 걸음과 생각을 막는

모든 것들을 물리칠 수 있어야

우리는 비로소 온몸으로 살 수 있고

아픈 마음도 스스로 위로할 수 있습니다.

시비 거는 사람을 이기는
가장 현명한 방법

세상 모든 사람들 중에서

가장 고결한 사람은

과연 누구일까요?

어떤 상황에서

어떤 일을 경험하게 되더라도

언제나 마음의 균형을

잃지 않는 사람입니다.

「가장 고결한 사람은 누구인가」

쓸데없는 이유로 시비를 거는 사람들이 있습니다. 특히 온라인 공간에서 그런 경우가 많죠. '굳이' 쓰지 않아도 될 글을 써서, '굳이' 미움을 받고 싸움을 만들기도 합니다.

그럴 때 그들의 마음을 이해하려고 하거나 소통으로 문제를 해결하려고 하면 나만 더 힘들어집니다. 이유는 이렇습니다. 온갖 소음은 그들 내면에 있는 불안과 두려움이 밖으로 나오는 것에 불과하기 때문입니다.

다시 말해서 그들은 우리에게 시비를 거는 게 아니라 자기 자신에게 시비를 거는 것이라고 볼 수 있습니다. 그들 자신의 마음이 아파서 나오는 비명과도 같은 소리가 바로 시비입니다. 그러니 말이 통하지 않는 것이 당연합니다. 이럴 땐 다음과 같은 여섯 가지 태도로 여러분의 소중한 내면을 지키세요.

1 이건 저 사람의 문제다.
2 나는 저 사람을 바꿀 수 없다.
3 또한 굳이 그럴 이유도 없다.

4 내가 듣지 않으면 저절로 사라진다.
5 오해는 내가 아니라 그가 한 것이다.
6 오해는 오해한 사람이 스스로 풀어야 한다.

언제나 나 자신을 중심에 두고 생각하고 선택해야 중심을 잡을 수 있습니다. 괴테의 조언처럼 늘 마음의 균형을 잃지 않고 평온한 감정을 유지할 수 있어야 합니다.

～

스치는 바람의 이름을 다 알 수는 없습니다.
눈에 보이는 별의 이름도 마찬가지죠.
사람도 그렇습니다.
다 알 수도 없고, 다 제어할 수도 없습니다.
아무리 세상이 떠들어도
내가 듣지 않으면 저절로 없어집니다.

타인의 기대가 부담될 땐
그냥 실망하게 두고 계속 나아가세요

사람의 일생에 뭐가 그렇게

대단한 게 있다고

수많은 사람이 모여서

누가 무엇을 해냈는지,

또 어떻게 했는지,

뒤엉켜 왈가왈부하고 있습니다.

글을 읽는 사람들도 마찬가지로

사색하며 음미하는 것처럼 보이지만

결국에는 비난을 합니다.

그러니 친구여,

우리 그냥 마음을 비우고 살면서

계속 글을 씁시다.

「사람의 일생」

 우리는 매일 누군가의 제안을 받고 다양한 종류의 기대를 받습니다. 사소하게는 이런 것도 있죠. "반찬 좀 더 주시겠어요?", "자리 좀 바꿔주세요."
 이런 요구를 한다는 건 뭘 의미할까요? '이 정도는 해줄 수 있는 거잖아?'라는 마음이 녹아 있다는 것이죠.
 물론 쉽게 들어줄 수 있는 요구도 있겠지만, 세상에는 거절하기 힘든 기대도 참 많습니다. 그냥 해줄 수 있는 게 아닌데 상대가 당연하다는 듯 기대하며 요구하는 것들이 있죠.
 타인의 기대가 부담으로 느껴지는데 그걸 모두 끌어안을 필요는 없습니다. 우리는 타인의 기대에 부응하려고 사는 게 아니기 때문입니다.
 괴테도 그 시절에 같은 마음을 느꼈습니다. 비슷비슷

한 사람들이 서로를 비난하고 타인의 업적을 깎아내리는 것을 보면서 그들이 쉽게 바뀔 수 없다고 생각했죠. 그래서 괴테는 그들은 그냥 두고, 우리 자신을 위해 계속 글을 쓰자고 말합니다.

결국 방향은 같습니다. 누군가를 바꾸려는 생각, 누군가의 기대를 이루어줘야 한다는 강박은 다 버려야 한다는 말이죠. 타인의 기대를 부담으로 느끼지 않으려면 그냥 모두 다 털어내고, 부담으로 느껴지지 않을 정도의 기대만 허락해야 합니다.

나는 타인의 기대에
부응하려고 사는 게 아닙니다.
나는 내 삶의 목표가 말하는 기대에
응답하기 위해 살고 있을 뿐입니다.

자신을 잃어가며 맺은 관계는
아무런 의미가 없습니다

세상을 아름답게 살고 싶다면
지나간 일에 연연하거나
쉽게 화를 내지 마세요.

언제나 오늘을 즐기며
특히 주변 사람을 미워하지 말고,
내일의 결과는 하늘에 맡기는 게
자신에게 좋습니다.

「지혜롭게 세상을 사는 법」

이해하지 못하는 게 죄는 아닙니다. 나는 최선을 다했지만 도저히 관계를 지속할 수 없다면, 더는 자신을 잃지 말고 손을 놓는 게 좋습니다. 모든 사람을 이해하려고 하지 마세요. 세상에는 아무리 노력해도 이해할 수 없는 사람이 있습니다. 관계는 서로의 노력이라고 하죠. 하지만 진정한 관계는 노력이 아니라 진실한 마음으로 연결됩니다.

오히려 모두에게 좋은 사람이 있다면, 그는 연기를 하고 있을 가능성이 높습니다. 걱정하지 마세요. 당신을 싫어하는 사람이 있는 게 당연하니까요. 또한 만나면 만날수록 내 에너지가 소진되는 기분이 든다면, 그건 올바른 관계가 아닐 가능성이 높습니다.

내 인생을 잃어가며 지켜야 할 관계는 없습니다. 가장 소중한 건 나의 인생입니다. 나를 잃어가며 지킬 정도로 중요한 관계는 없어요. 좀 더 구체적으로 말하자면, 이런 사람과는 멀어지는 게 좋습니다.

1 내가 좋아하는 것들을 무시하는 사람.

2   자꾸만 눈치를 보게 만드는 사람.

3   내가 가진 것들을 존중하지 않는 사람.

4   있는 그대로의 내 가치를 모르는 사람.

5   함께 있으면 오히려 더 외롭게 만드는 사람.

6   내가 품은 꿈을 하찮게 만드는 사람.

7   내 편이라는 생각이 전혀 들지 않는 사람.

내가 가진 꿈과 목표를 존중하고

진실로 응원하는 사람을 만나야 합니다.

내가 가진 것들을 하찮게 만드는 사람에게

굳이 소중한 시간을 낭비하지 마세요.

어떤 상황도 잘 활용하는
지혜로운 사람의 수준

지혜로운 사람 앞에 서면

어떤 사람이든 마음이 놓입니다.

물론 괴로운 순간도 경험하게 됩니다.

하지만 내가 오랫동안 괴로워하는 이유는

스스로 무엇이 부족한지 깨닫기 위해서죠.

또한 칭찬도 받을 수 있습니다.

내가 깨달은 것을 알아줄 만큼

그가 지혜로운 덕분입니다.

「지혜로운 사람 앞에 서면」

지혜로운 사람은 칭찬을 자주 합니다. 그건 단순히 성격이 좋아서가 아닙니다. 칭찬을 하려면 칭찬할 수 있는 근거를 마련해야 합니다. 안목이 있어야 칭찬도 할 수 있는 거죠. 그래서 지혜로운 사람은 어떤 상황에서도 자신의 안목과 지성을 멋지게 활용합니다.

극단적으로 말하자면 이런 표현도 가능합니다. 법을 아는 자는 법을 지키지 않지만(활용하지만), 법을 모르는 자는 철저하게 법을 지키며 살죠. 세상은 변하지 않았습니다. 아는 사람은 뭐든 활용을 하며 살지만 모르면 세상이 외치는 온갖 지시를 조용히 지키며 살아야 합니다. 지금 아는 것을 바탕으로 나쁜 짓을 하라는 뜻이 아닙니다. 뭐든 활용할 수준에 도달하려면 알아야 한다는 말을 하는 것이죠.

때로 사람들은 답답한 마음에 "법은 결코 우리를 지켜주지 않는다"라고 말하기도 합니다. 하지만 조금 표현을 수정하면 좀 더 지혜롭게 살 수 있습니다. "법은 자신을 모르는 사람을 지켜주지 않는다." 여러분의 생각은 어떠신가요.

내가 어디에서 무엇을 하든

그 공간의 법칙이나 지식은 반드시

배워서 아는 수준에 도달해야 합니다.

그래야 활용하고 응용하며

멈추지 않고 성장할 수 있습니다.

사람의 마음을 열고
관계의 온도를 높이는 법

사람의 마음을 이해하는 일에는

분명한 과정과 방법이 있습니다.

어디에서 누구를 대하든

아래에서부터 그를 올려다보세요.

태도를 그렇게 바꾸면

저절로 마음이 겸손해집니다.

이를 통해서 그 사람에게

좋은 인상을 줄 수도 있습니다.

그렇게 한 사람의 귀한 마음이

당신을 향해서 열립니다.

「사람의 마음을 얻는 방법」

주의 깊게 읽지 않으면 괴테의 조언을 착각할 수 있습니다. '윗사람을 대하듯 올려다보라고? 왜 그런 비굴한 짓을 해야 하지?' 아래에서 위를 본다는 게 비굴해지는 것을 말하는 건 아닙니다. 비굴한 것과 존경하는 태도는 전혀 다르니까요.

둘 다 아래에서 위를 바라보는 시선을 갖고 있지만 비굴한 사람은 이익을 보려는 욕망으로 그런 행동을 하고, 존경하는 사람은 무언가를 배우려는 마음으로 바라봅니다. 시선의 가치나 밀도가 전혀 다르죠.

사람의 마음을 얻기 위해서는 그를 이해해야 하며, 그를 이해하기 위해서는 배우려는 자세로 다가가야 합니다. 그가 무엇을 사랑하고 있는지, 어떤 가치를 소중히 여기는지 하나하나 바라보며 배워야 제대로 알 수 있습니다. 한 사람의 마음을 얻고 싶다면, 그를 충분히 알 때까지 지켜보며 마음에 담아보세요.

한 사람의 마음이 나를 향해서

활짝 열린다는 건

하나의 세계가 탄생하는 것을 의미합니다.

나는 더 깊어지고 다채롭게 빛나게 되죠.

배우려는 마음으로 그를 보세요.

그러면 모든 마음을 열 수 있습니다.

다정한 말이
그 사람의 지능인 이유

머나먼 동양의 어느 나라에서 뽑아

나의 정원에 옮겨 심은

이 나무의 잎을 보니

지성인을 기쁘게 하는

깊은 의미가 느껴집니다.

이 잎은 하나로 자라난 것이

저절로 둘로 나뉜 것일까요?

아니면 두 개의 잎이

서로의 상대를 찾아낸 후

하나로 자신을 완성한 것일까요?

이런 사색에 잠겨 있다가
저는 이 잎에 녹아 있는
진짜 의미를 찾을 수 있었습니다.

당신은 나의 노래를 들을 때마다
혹시 이걸 느끼지 않았었나요?
내가 바로 하나의 잎이면서
두 개의 잎이라는 사실을 말이죠.

「은행나무 잎에 대해 사색하며」

다정한 마음이 느껴지는 글입니다. 누구에게나 사랑하는 마음은 있습니다. 다만 모두가 그 사랑을 전하지는 못합니다. 제대로 표현할 능력이 없어서 그렇습니다. 괴테는 은행나무를 바라보며 사랑하는 사람에게 자신이 가진 마음을 다정하게 표현할 수 있는 방법을 찾아 텍스트로 변주해서 들려주었습니다.

다정한 말은 그 사람의 지적 수준을 증명합니다. 대부분 부모에게서 어릴 때부터 듣고 자란 덕분에 물려받게 되죠. 하지만 후천적으로 키울 수도 있습니다. 아래의 내용을 의식적으로 반복하며 매일 조금씩 능력을 키우면 누구나 가능한 일입니다.

1 다정한 말은 그냥 나오지 않는다.
2 어휘력과 표현력이 있어야 한다.
3 상대를 배려하는 마음이 깊어야 한다.
4 다정한 말의 가치를 느낄 수 있어야 한다.

스스로 다정한 말의 가치를 인식하고
상대를 배려하는 마음을 갖게 되면
삶의 모든 것이 달라집니다.
'나는 할 수 있다'고 자신에게
다정한 말을 들려주면
그때부터 다정한 인생이 시작됩니다.

'이해할 수 없다'는 말은
'곧 이해하겠다'는 말

그리움을 아는 사람만이

나의 괴로운 마음을

이해할 수 있습니다.

모든 기쁨과 담을 쌓은

외딴곳에 혼자 앉아

저 먼 하늘을 바라봅니다.

왜 나를 사랑하고 알아주는

고마운 사람들은

늘 멀리에 있는 건가요.

그 사람을 생각하면

눈이 어지럽고

가슴은 찢어집니다.

그리움을 아는 사람만이
내 가슴에 남은 이 슬픔을
이해할 수 있습니다.

「그리움을 아는 사람만이」

  괴테는 반복해서 '이해'라는 표현을 썼습니다. 여러분은 이해에 대해 어떻게 생각하나요? '이해할 수 없다'는 말은 무엇을 의미할까요?

  저는 결코 나쁘거나 부정적인 말이 아니라고 생각합니다. 이해할 수 없다는 말은 이해하려고 노력했다는 증거라고 생각해서 그렇습니다. 또한 이해할 수 없다는 현실의 자각이기도 하고요.

  노력과 자각의 힘은 시간이라는 거대한 힘을 통해서 곧 이해라는 지점을 만나게 됩니다. 잘 생각해 보세요.

당신에게 "난 너의 그 행동을 이해할 수 없어"라는 말을 하는 사람들은 주로 누구인가요? 애정과 사랑을 느끼는 사람들일 가능성이 높습니다. 그렇습니다. 미워서 그런 말을 하는 게 아니라 정말 이해하고 싶은데 그게 힘들어서 투정을 부리는 것과 같습니다.

괴테 역시 이 시에서 그 애절한 마음을 표현했습니다. 가까이에 있는 사람이 자신의 마음을 이해해 주기를 바라면서 말이죠. 그러니 이제 누군가 당신 앞에서 '당신을 이해할 수 없다'라고 말한다면, 다가가서 조용히 안아주세요. 당신을 이해하려는 예쁜 사람이니 당신에게 안길 자격이 충분하니까요.

~

이해할 수 없다는 말은

곧 이해하겠다는 말을 의미합니다.

너를 이해할 수 없다는 말은

힘들지만 이해하고 싶다는 열망이 부른

사랑의 언어라는 사실을 잊지 마세요.

특별히 성격이 좋은 사람은
세상에 없습니다

널리 사랑받았던

나의 소중한 노래들이여,

망각의 바다로 흘러가라.

다시 불러줄 청년 하나 없고

어떤 소녀도 부르지 않겠지.

한 사람을 오랫동안 불렀지만

그는 지금 나를 비웃고 있네.

그러므로 물 위에 쓴

나의 노래는

물과 함께 흘러서

조금씩 사라져가리라.

「강가에서」

 소중한 노래도 결국에는 잊힙니다. 사랑했던 사람도 나중에는 모르는 사람이 되어버리죠. 하지만 그럼에도 불구하고 세상 어딘가에서 누군가는 여전히 나를 향한 노래를 부르고 있고, 또 여전히 나를 사랑하는 마음을 품고 있습니다. 이는 무엇을 의미하는 걸까요?

 네, 바로 의지입니다. 대부분의 유행은 시간이 지나면 흔적도 없이 사라집니다. 그게 순리죠. 하지만 세상에는 분명 순리를 거스르는 것들이 있습니다. 인간관계에서도 그런 일은 종종 나타납니다.

 만약 당신이 누군가를 보며 성격이 좋게 느껴진다면, 그리고 그가 매우 오랫동안 만났던 사람이라면, 그건 단순히 그의 성격이 좋아서가 아니라 그가 당신에게 모두

맞춰주고 있을 가능성이 높습니다. 급조한 배려는 금방 사라지는 법이니까요. 게다가 세상에 특별히 성격이 좋은 사람은 없습니다. 고통과 분노를 억제할 수 있는 마음의 크기는 대부분 비슷하죠.

그럼에도 누군가가 여전히 당신의 눈에 좋게 보인다면, 그는 당신을 아끼고 소중하게 생각하는 사람입니다. 당신을 귀하게 생각해서, 특별히 좀 더 참고 좀 더 맞춰준 덕분에 좋은 감정을 느끼게 되는 것이니까요.

좋은 마음은 그래서 숨길 수 없습니다. 나쁜 것을 참고 억제하며 가장 좋은 것만 주려는 의지가 만든 마음의 선물이라서 그렇습니다.

~

주변에서 여전히 내게 좋은 마음을
선물로 주고 있는 사람이 있다면
지금 당장 고맙다는 말을 전해야 합니다.
쉽게 만날 수 있는 사람이 아니니까요.

서로가 서로를 위한 조연이 될 때
인생은 가장 반짝입니다

인간에게는 기품이 있어야 합니다.

자비심이 많고 착해야 하죠.

이것만이 우리가 알고 있는

모든 것들과

인간을 구별할 수 있습니다.

배운 적은 없지만 어렴풋이 느껴지는

지성의 가장 높은 곳에

모든 복이 있습니다.

우리는 그것을 닮아야 합니다.

나의 올바른 말과 행동이

그 사실을 믿을 수 있게 해야 합니다.

우리에게는 기품이 있어야 합니다.
자비심이 많고 착해야 합니다.
유익한 것과 올바른 것을
계속해서 추구하며 살아야 합니다.
어렴풋이 느껴지는
지성의 가장 높은 곳에 있는 것들의
모범이 되어야 합니다.

「지성인의 성품」

괴테는 지성인이 되려면 기품이 있어야 하고, 기품을 지니려면 자비심이 많아야 하고 동시에 착해야 한다고 말했습니다. 이를 한마디로 압축하면 이렇습니다. 사랑하는 누군가를 위해 기꺼이 주인공의 자리를 양보하고 자신은 조연으로 사는 것.

아무리 가까운 지인이라고 해도, 말로는 응원한다고 하지만 주인공의 자리까지 타인에게 양보하진 않습니다.

그래서 대부분의 응원은 공허하죠. 자신은 조금도 양보하지 않은 상태로, 상대방이 더 힘을 내서 알아서 하라는 식이기 때문입니다.

하지만 지성인은 결코 자기만을 위해 살지 않습니다. 기품이라는 분명한 차별점이 있어서 늘 누군가를 올려주는 선택을 하죠. 상대방이 정말 소중하다면 조금 용기를 내보세요. 자신의 이익은 조금도 생각하지 않고 마치 날아가는 새의 날개를 든든히 받쳐주는 바람처럼, 상대의 성장을 위한 조연이 되는 것입니다.

조연은 결코 사소하거나 낮은 존재가 아닙니다. 오히려 사랑과 기품이 무엇인지 아는 사람입니다.

누구나 어디에서든 주연이 되려고 합니다.
그러나 소중한 사람을 위해
기꺼이 조연이 되어줄 때
우리는 비로소 귀한 사람을
가슴에 품을 수 있게 됩니다.

3장

너의 지성이 곧
너의 세계를 의미한다

- 지성 -

당신의 질문에
세상이 답하지 않는다면

어떤 큰 사고 모임에서
방금 나온 학자가
집으로 가고 있었습니다.
모임의 수준과 분위기가
어땠는지 궁금했던 사람들이
그에게 물었습니다.

"모임이 만족스러웠나요?"
그가 제대로 답하지 못하자
한 사람이 이렇게 질문을 바꿨습니다.
"그 모임이 책이라면, 다시 읽겠습니까?"
그러자 바로 이런 답이 나왔죠.

"다시는 읽지 않겠소."

「사고」

'왜 세상은 내 질문에 답하지 않는 거야?'
'왜 저 사람은 나를 무시하지?'
'왜 세상은 내 가치를 알아주지 않는 거야?'
무언가를 물었는데 상대가 답하지 않는다면, 혹은 자신이 오랫동안 하는 일에 세상이 반응을 보이지 않는다면, 누구라도 이런 생각을 하게 됩니다.

하지만 괴테의 시에서 본 것처럼 모든 사람의 질문이 원하는 답을 이끌어낼 수 있는 건 아닙니다. 사람들이 모임을 언급하며 단순히 기분에 대해 물었지만, 단 한 사람만은 모임을 책으로 변주해 학자가 답하기 좋게 질문의 모양을 바꿨습니다. 지혜롭게도 모임을 책으로 비유하니 답하기 수월해진 거죠. 게다가 누가 들어도 쉽게 이해할 수 있었고요.

만약 여러분이 이런 사람이 될 수 있다면 어디에서 무엇을 해도 자신이 원하는 답을 얻어낼 수 있지 않을까요? 좀 더 가깝게 소통할 수 있고, 원하는 것을 제대로 설명할 수도 있을 것입니다. 늘 자신에게 구하세요. 세상이 내 질문에 답하지 않을 때, 지혜로운 사람들은 자신의 질문을 돌아봅니다.

아무리 오랫동안 질문해도

세상이 답하지 않는다면,

문제는 그가 아닌

내 질문에 있을 가능성이 높습니다.

지혜로운 답변은 언제나

지혜로운 질문에서 나옵니다.

'그런 거 다 안다'라는
참 허망한 말

소년 시절에는 반항만 하고 살았습니다.

주변 사람과 진실로 마음을 나누지 못했고

청년 시절에는 늘 나 자신만 알고 살아서

대하기 어려운 거만한 사람이었습니다.

어른이 되어 실천하려고 노력했으나

너무나 빠르게 노인이 되었고

행동은 오히려

더 가볍고 변덕스러워졌습니다.

이것이 바로 당신의 묘비에 새겨질 말입니다.

인간의 본모습은 대부분 이렇습니다.

인간이란 어찌 이렇게 아는 것은 빠르면서

실행하는 것은 느릴까요.

「묘비명(墓碑銘)」

　이제 세상에 비밀은 별로 없습니다. 식당의 비법 레시피, 궁극의 다이어트 비법, 성적을 올리는 공부법 등 모든 것들이 사실은 다 아는 것들입니다. 몰라서 못하는 사람은 별로 없습니다. 그래서 우리의 입에서는 늘 앵무새처럼 이런 말이 나오죠.
　"그걸 누가 모르나! 힘들어서 못하지."
　그런데 정말 알고 있는 걸까요? 가만히 한번 생각해보세요. 만약 내가 알고 있는 무언가를 실천하지 못하고 있다면, 그건 진짜 알고 있는 것이 아닙니다. 힘들지만 실천할 정도의 가치를 아직 찾는 중이거나 발견하지 못한 것이죠.
　귀한 가치를 아는 사람이라면, 오히려 그걸 실천하지 않는 게 더 힘듭니다. 실천을 통해서 얻을 수 있는 가치가 더 크고, 소중하다는 사실을 알고 있으니까요. 맞아요, 알고 있다고 생각하는 그 착각이 오히려 우리를 영원히 모르는 사람으로 만듭니다. 착각에서 벗어나야 현실을 제대로 살아갈 수 있습니다.

'그런 거 다 안다'라는 말,
'누가 몰라서 못하냐'라는 말,
그런 말은 이제 그만하기로 해요.
실천하는 사람만이 알 수 있는
과정의 가치를 하루라도 빨리
만날 수 있는 사람이
자신의 발자취를
세상에 남길 수 있습니다.

사람은 경탄할 만한 잠재력을
모두 갖고 있습니다

릴리어, 만일 내가

당신을 사랑하지 않았다면

이 아름다운 경치를 바라보면서

어떤 기쁨도 느끼지 못했을 것입니다.

그리하여 다시 릴리어,

내가 만약 당신을 사랑하지 않는다면

과연 세상 그 어디에서

행복을 찾을 수 있겠습니까.

「산 위에서」

같은 대자연 앞에 있어도 누군가는 자연을 풍성하게 느끼지만, 다른 누군가는 도시에 있는 것과 별다를 게 없는 빈약한 느낌만 얻고 지나칩니다. 이것이 바로 사랑의 힘입니다.

마찬가지로 모두에게는 각각 주어진 재능이 있습니다. 다만 그 재능이 잘 보이지 않아서 스스로 무능력하다고 생각하죠. 왜 재능이 잘 보이지 않는 걸까요? 그건 사랑의 눈으로 세상과 자신을 바라보지 않았기 때문입니다.

그럴 때는 이 사실을 꼭 기억하세요. 세상은 이미 당신에게 영감을 줄 준비를 마친 상태입니다. 다만 그 영감은 사랑의 눈을 가진 자에게만 보이죠.

사랑하는 사람은 절대로 포기하지 않습니다. 여기에 나를 구할 무언가가 분명히 있다고 생각해서 찾을 때까지 돌아서지 않습니다. 행복과 아름다운 경치, 아주 사소한 가능성까지도 사랑해야 볼 수 있고 느낄 수 있습니다.

내가 가진 모든 지식과 경험은

내가 나를 사랑할 때 비로소

나를 지키는 무기가 될 수 있습니다.

나의 사랑이 나의 잠재력입니다.

이름만으로 충분한
가장 아름다운 인생

스스로 자유의 사도라고 말하는 사람들이

나는 도대체 마음에 들지 않습니다.

그들은 결국 살아갈 궁리를

철저하게 하고 있을 뿐입니다.

많은 사람을 해방시킬 생각이 있다면

먼저 많은 사람에게 다가가

스스로 봉사를 실천하면 되죠.

그것이 얼마나 어려운 일인지

제대로 알고 싶다면

우선 그것을 시도해 보면 됩니다.

「스스로 자유의 사도라고 말하는 사람들」

좋은 글을 쓰고 싶다는 후배 작가들에게 저는 늘 이런 조언을 합니다.

"사랑에 대한 글을 하나 써봐. 그런데 글에 사랑이라는 단어는 사용하면 안 돼. 하지만 네가 쓴 글을 읽었을 때 저절로 사랑이라는 글자가 허공에 그려져야 하지."

마찬가지입니다. 자유의 사도, 희망의 사도, 치유의 사도 등등 온갖 아름다운 표현들이 있겠지만, 정작 중요한 건 입에서 나온 말이 아니라 그들이 살아온 하루하루의 합입니다.

어떤 말을 하고 있느냐도 중요하지만, 가장 고귀한 가치는 어떤 인생을 살고 있느냐입니다. 고귀한 사람들은 이런 평가를 받습니다.

"아, 그 사람? 그 사람은 이름만 들어도 충분히 얼마나 귀한 인생을 살고 있는지 알 수 있지."

가슴에 품은 가치를 실천하며 사는 사람에게는 이렇게 이름 하나면 충분합니다.

귀한 단어를 빌려서 인생을 속이지 마세요.

하루하루가 귀하지 않다면

어떤 단어도 나를 빛내지 못합니다.

이름만으로 빛나는 인생을 살아가세요.

이름 하나면 충분한 인생이 제일 아름답습니다.

마흔 이후 차곡차곡
성장하는 사람들의 공통점

인간의 호흡에는
두 가지 은총이 있으니
마시기와 내뱉기가
바로 그것입니다.
우리는 마시면서 억누르다가
내뱉으면서 상쾌함을 느낍니다.

인생 역시 이와 같습니다.
놀랍게도 뒤섞여 얽혀 있죠.
그러니 신이 당신을 압박하면
감사히 여기고,
신이 당신을 풀어주면

다시 감사해하세요.

「가인(歌人)의 서(書)」 중에서

'이것도 저것도 모두 다 좋다.' 이것이 괴테의 조언입니다. 주어진 일에 감사하며 사는 게 무엇보다 중요합니다.

마흔 이후 지치지 않고 차곡차곡 성장하는 사람들에게는 특별한 공통점이 하나 있습니다. 괴테도 당시에 그랬지만, 내가 아닌 다른 사람의 성향이나 기질, 혹은 그들이 만든 제품을 논할 때 부정적인 부분에 대해서는 전혀 언급하지 않는다는 것입니다.

사람의 취향은 정말 다양합니다. 누군가에게는 최악의 옷이 다른 누군가에게는 최고의 옷이 될 수 있죠. 책도 음식도 모두 마찬가지입니다. "이 음식은 너무 달아서 최악이야"라는 부정적인 평가를 하는 사람도 있지만, 같은 음식을 먹어도 이렇게 다르게 표현하는 사람이 있습니다. "이 음식은 단 음식을 좋아하는 사람에게는 정말 좋겠다." 전자의 말에는 분노와 비난의 마음만 가득하지만, 후자의 말에는 정보가 녹아 있습니다.

괴테가 마시기와 내뱉기에서 언급한 것처럼 바라보는 시각만 조금 바꿔도 세상에 도움이 될 수 있는 말을 할 수 있습니다. 빠르게 평가를 하거나 결론을 내리겠다는 생각을 잠시 접고 세상을 살펴보면, 각종 사물이나 상황에서 그간 내가 미처 생각하지 못한 부분이 보이기 시작합니다.

주식에 대한 책을 사면서도 "이게 무슨 책이야, 이런 기본적인 방법을 누가 몰라!"라고 하기보다는 "이 책은 주식 초보자나 입문자가 읽기에 딱이네"라고 말한다면, 그 한마디가 주변에 있는 사람들에게 좋은 정보가 될 것입니다.

세상 사람들의 취향은 정말 다양합니다.
그래서 우리는 어디에서든 배울 수 있습니다.
주변 사람들에게 도움이 될 말도 할 수 있습니다.
쉽게 판단하거나 결론을 내리지 마세요.

일상에서 좋은 것만 보려고 생각하면

우리는 그만큼 더 성장할 수 있습니다.

내 삶에서 '이 말'만 지우면
인생의 수준이 달라집니다

내 생각에는

강력한 힘이 있으니

지금 별이 하늘에서

떨어진 이유에 대해서

한마디로 설명하자면,

내가 원했기 때문입니다.

「생각의 힘」

방송에서 전문가들이 아이들 교육을 위해 무언가를 조언하며 방법을 알려주면, 이런 뉘앙스로 반응하는 사람이 있습니다.

"좋은 말씀인 건 알겠어요. 하지만 그건 어른도 하기 힘든 건데……."

이게 왜 문제일까요? 자유롭게 자기 의견을 말한 것처럼 보이는데 말이죠. 하지만 이 말에는 이런 의미가 녹아 있습니다. 하나하나 분해하면 이렇죠.

"그거 하면 좋은 거 나도 알아요."

"하지만 난 귀찮아서 하기 싫어요."

"어허, 이거 왜 이래요? 나만 귀찮게 생각하는 거 아니잖아요?"

좋은 건 알지만 내가 하기 싫어서, 그걸 '나'가 아닌 '어른'이라는 거대한 포장지에 담아서, 그게 모두의 정상적인 생각인 것처럼 말한 것입니다. 맞습니다. 싫은 일을 만날 수도 있어요. 하지만 자신의 성장을 생각한다면, 그럴 때 어른이라는 포장지를 빌리지 않고, 당당하게 자신의 생각을 밝히는 게 좋습니다.

"그거 어른도 하기 힘든 일인데"가 아니라 "그거 나도 해보려고 했는데 쉽지 않던데"라고 말하면, 자신의 현재 수준을 정확하게 파악할 수 있어서 무엇이 부족하고 무엇을 배워야 하는지도 알 수 있죠. 즉, 성장을 시작할 수 있다는 말입니다.

괴테는 하늘에서 별이 떨어져도 그건 자신이 원했기 때문이라고 표현하며 생각이 가진 위대한 힘에 대하여 강조했습니다. 그러니 자꾸 포장지 안에 숨지 마세요.

모두에게 힘든 게 아니라,
내게 힘든 것입니다.
모두에게 귀찮은 게 아니라,
내게 귀찮은 것입니다.

우아한 내면을 만드는
7가지 생각

나는 요란한 삶을 추구하지 않습니다.

시름이 깊은 날에도

그 이유를 남에게 묻지 않습니다.

그럼 나라는 존재가

시름이 깊었던 그 공간에서,

꽃받침이 받쳐주는 새하얀 꽃으로

새롭게 피어나는 걸 느끼게 됩니다.

봄기운이 가득한 대지에서

많은 것이 솟아오르고 있습니다.

설령 자신을 반기지 않는

뜨거운 여름날이 오더라도,

그것에 지지 않고 성장하기 위해서
땅속에서는 수많은 뿌리가 조용히
최선을 다해 영양분을 빨아들입니다.

「요란한 삶을 추구하지 않습니다」

주변 상황이 아무리 어지럽고 빠르게 돌아간다고 하더라도 우리는 자신이 할 수 있는 것만 조용히 하면 됩니다. 그 우아한 모습을 괴테는 요란한 삶을 추구하지 않는다고 표현했죠. 그런 삶을 살고 싶다면, 다음 일곱 가지 생각을 일상에서 실천하면 됩니다.

1   천천히 쉬지 않고 가면 돼.
2   잘할 수 있을 테니 긴장할 필요 없어.
3   날개가 있다고 생각하며 걷는 거야.
4   나는 깊은 눈빛을 갖고 있어.
5   힘든 이야기보다 즐거운 이야기를 하자.

6 적당히 먹고, 생각을 많이 하며 살자.
7 이동할 때 스마트폰 대신 풍경을 보자.

물론 요란하지 않게 살면서 우아한 내면을 만드는 일이 결코 쉬운 것은 아닙니다. 내 마음을 나도 모르기 때문입니다. 그래서 더욱 자신의 마음을 아주 찬찬히 들여다봐야 합니다. 그럼 미처 자각하지 못했던 낯선 자신과 마주할 수도 있게 되죠. 당당하다고 생각했지만 현실은 두려움에 떨고 있는 나를, 매사에 감사하며 살아야 한다고 외쳤지만 그것 역시 힘든 현실을 가리기 위한 한낱 구호에 불과했음을 깨닫게 됩니다. 그러나 그것 역시 여러분 자신입니다. 자연의 흐름처럼 아주 자연스러운 현상이라고 볼 수 있어요. 봄의 대지가 벌써부터 여름날을 두려워하는 것처럼 말이죠.

그런 자신의 마음을 거짓 없이 솔직하게 받아들이는 게 좋습니다. 봄은 결코 여름을 거부할 수 없습니다. 인정해야 아름답게 공존할 수 있습니다.

서두르거나 망설이지 말고

내가 할 수 있는 것만 하면 됩니다.

미래의 불안과 두려움은

미래의 것이고

지금 이 순간만이

나의 모든 것입니다.

그들에게 퍼스트클래스 티켓이
오히려 저렴하게 느껴지는 이유

당신의 운율을 따르는 나를 보고 싶습니다.
단순히 반복해도 괜찮을 겁니다.
먼저 뜻을 찾고 다음에 말을 고르겠습니다.
다만 어떤 음도 두 번 울려서는 안 됩니다.
누구보다 재능이 뛰어난 당신이
특별한 의미를 담아내야 할 테니까요.

틀에 박힌 리듬도 물론 매력적입니다.
재능은 그 안에서도 빛을 내니까요.
하지만 비극은 그것들이 너무나 빠르게
지긋지긋해진다는 사실에 있어요.
그 공허한 가면에는 피도 의미도 없습니다.

도저히 기뻐할 마음이 나지 않겠죠.
우리는 늘 새로운 형식을 시도하며
죽은 형식에 안녕을 고해야 합니다.

「모방」

장거리 여행을 기준으로 할 때 퍼스트클래스 좌석은 이코노미 좌석보다 최대 열 배 정도 비쌉니다. 그러나 제가 아는 몇몇 지인은 비행기를 탈 때 꼭 퍼스트클래스 좌석만 탑니다. 하지만 과소비를 극도로 싫어하는 저도 그들에게는 "그건 과소비야!"라고 말하지 못합니다. 이유는 간단합니다.

그들은 방해받지 않는 그 자유로운 공간에서 티켓 가격의 100배 이상의 가치가 될 것들을 만들어내기 때문입니다. 그들은 자신의 삶을 통해 퍼스트클래스 좌석은 비싸다는 편견을 깼습니다. 자기만의 일을 24시간 내내 몰입하는 사람들의 특권이죠. 오히려 그들에게 퍼스트클래스의 비용은 사소하기까지 합니다. 그들은 대부분의 사람이 원하는 방식에서 벗어나 전혀 새로운 형식을 세상에 보여줍니다. 계속해서 공급되는 온갖 술과 음식에 현혹되지 않고 비행 시간 내내 자신만이 할 수 있는 일을 해내죠.

이렇게 말하면 간혹 이런 이야기를 하는 사람도 있습니다. "에이 그 사람, 내가 비행기에서 옆자리에 탔었는데 비행 내내 잠만 자던데!" 그런데, 그게 과연 버리는 시간이었을까요? 아닙니다. 그런 삶을 사는 사람에게는 잠을 자는 시간조차 귀합니다. 깨어난 후 막강한 창조력을 발휘하기 위한 소중한 휴식이었을 테니까요.

"나는 그렇게 힘들게 애쓰며 살고 싶지 않아"라고 말할 수도 있습니다. 하지만 그들의 표정을 보면 그런 말을 하기 어려울 겁니다. 그들은 누구보다 더 해맑게 웃으며 자신의 일을 해내고 있으니까요. 타인의 삶을 그저 모방하겠다는 생각에서 벗어나면 이렇게 전혀 새로운 방식의 접근이 가능해집니다.

그냥 주어진 대로 사는 사람은

세상의 기준에 맞게 살아야 합니다.

하지만 자기만의 일을 하는 사람은

자기만의 기준을 세우고

아예 통계에서 벗어난 삶을 살죠.

언제나 기준은 나 자신이어야 합니다.

누구도 나만큼
나를 알 수 없습니다

사람은 무엇을 추구해야 할까요.

가만히 있어야 할까요.

자신을 굳게 지키는 게 좋을까요.

아니면 변하는 게 좋을까요.

작게라도 나의 집을 지어야 할까요.

아니면 천막에 살아야 할까요.

자연에 의지해야 할까요.

그러나 거대한 바위도

결국에는 흔들리는 법이죠.

모두에게 다 맞는 하나는 없습니다.

그저 자신이 하는 일에 충실하세요.

모두 자신이 있는 곳에서 충실하세요.

서 있는 자는 넘어지지 않도록 조심하세요.

「무엇을 추구해야 하나」

정말 소중한 글입니다. 서 있는 자는 넘어지지 않게 조심해야 하고, 넘어진 자는 곧 우뚝 서게 될 테니 비상을 준비하면 됩니다.

괴테의 말처럼 모두에게 딱 맞는 조언은 존재하지 않습니다. 사람에 따라서, 상황에 따라서 모든 것이 다 다르니까요. 혹시 당신도 조언을 원하고 있나요? 누군가 나타나 앞길을 시원하게 알려주기를 바라나요? 괴테는 자신의 삶으로 이 말을 증명했습니다.

"각자 자신이 하는 일과 머무는 곳에서 충실하게 사는 게 최선입니다."

내가 추구해야 할 일은 나의 하루가 알고 있습니다.

자기만의 하루를 사는 사람은 결국 자기만의 세계를 펼칠 수 있죠. 자신을 믿으세요. 누구도 나만큼 나를 알 수는 없습니다.

> 스스로 생각하고 결정해야
> 나중에 후회가 없으며
> 때에 맞게 올바른 길을
> 지혜롭게 선택할 수 있습니다.

중요한 결정일수록
주변에 의견을 묻지 마세요

누군가의 입에서 당신의 귀로 가는
온갖 이야기에 어떤 신통한 능력이 있다고
그대는 아직도 믿고 있나요?
과거로부터 전해져 오는 것들 역시
쓸모없는 망상에 불과합니다.

무엇보다 중요한 건 판단력이죠.
이것과 저것 사이에서 분별할 수 있어야
그대는 자신을 구할 수 있습니다.
잃기 쉬운 그 힘을 포기하지 마세요.

「불만 시편」

간혹 이런 생각을 할 때가 있습니다.

'누구한테 물어보면 좋은 답이 나올까?'

'나 대신 누가 결정해 주면 좋겠는데.'

사람 마음이 그렇습니다. 평소에 친하게 지내는 사람에게 자신이 현재 고민하는 것을 물어보면 도움이 될 조언을 얻을 수 있을 거라고 기대합니다. 하지만 착각이죠. 대부분은 생각과는 정반대의 결과가 나옵니다.

여러분은 누군가 조언을 구하면 어떤 생각이 들었나요? 사람은 보통 누군가 멋진 생각을 하면 불안한 감정을 느낍니다. 이유는 간단합니다. 그가 나보다 앞서 나갈 것 같아 걱정이 되기 때문이죠. 그래서 도전을 막거나 부정적인 의견을 들려줄 가능성이 높습니다.

이렇게 생각해 보세요. 중요한 결정이라면, 그 결정에 대해서 가장 많이 생각하고 고민한 사람은 누굴까요? 바로 나 자신입니다. 그 중요한 결정에 대한 최고의 전문가는 바로 당신 자신인데, 왜 굳이 비전문가에게 묻나요? 그 소중한 판단력을 자꾸 포기하지 마세요.

괴테의 조언처럼 판단력을 가지고 있어야 우리는 자

신을 구할 수 있습니다.

～

중요한 결정일수록 판단은

스스로 해야 합니다.

내 생각의 주인은 나 자신이고,

결정 역시 나의 몫이죠.

내 인생을 스스로 결정할 수 있는

그 아름다운 특권을 남에게 넘기지 마세요.

바라는 대로 이루어지는
마음의 법칙

다정한 골짜기 눈 덮인 고운 언덕에서
당신은 늘 나와 가까이 있습니다.

하루는 맑은 구름 속에서 당신 모습이
내 주변을 떠도는 것을 보았어요.
그건 모두 내 마음이 그린 그림이었죠.
도저히 거역할 수 없는 힘으로
내 마음이 당신 마음을
끌어당기고 있습니다.

나는 이 자리에서 사랑이,
사랑으로부터 도망치려는

허망한 감정을 느끼고 있습니다.

「나만의 릴리에게」

괴테는 자신의 말을 강력하게 믿는 사람이었습니다. 사랑하겠다고 말하면 결국 사랑하게 되고, 헤어질 것 같다고 생각하면 결국 헤어지게 되는 것이 세상의 이치입니다. 우리는 결국 자신이 말한 대로 살게 되죠. 괴테가 살면서 수많은 성취를 해낼 수 있었던 힘은 바로 여기에 있었습니다.

'내가 그걸 간절히 원한다.'

그는 행동하기에 앞서 자신이 바라는 것이 당연히 이루어질 것이라는 마음의 주문을 먼저 외쳤습니다. 그렇게 하루를 시작하니 그의 일상에는 수많은 성취와 뛰어난 결과가 가득했죠.

여러분은 하루를 시작할 때 어떤 마음인가요? 지겨운 일상이라고 생각하나요, 아니면 쉴 수 있는 주말만 기다린다고 외치나요? 아침에 처음 꺼낸 생각이 그날 하루의 가치를 결정합니다. 아침을 저주하며 하루를 시작한다는 건 자신의 인생을 저주하는 것과 같습니다.

반대로 긍정적인 마음의 주문으로 아침을 시작할 수 있다면, 그날 일어날 일을 온전히 예측하고 의지대로 행동할 수 있으며, 그날 하루를 자신의 생각대로 이끌어 갈 수 있습니다. 그날 하루만큼은 왕이 된 것이나 다름없죠. 그래서 매일 아침을 부정적인 생각과 상상으로 시작한 사람은 자기 삶의 왕이 될 수 없는 것입니다. 여러분도 자기 삶의 주인으로 살고 싶다면 꼭 이 사실을 기억해 주세요.

나는 매일 아침 긍정의 언어를

나 자신에게 들려주며 하루를 시작합니다.

그건 내 삶의 목적을 정해주는 것과도 같습니다.

인생의 목적이 정해지면

그 어떤 것도 두렵지 않습니다.

목적지가 뚜렷하게 보이는 사람에게는

망설임이나 불안한 감정이 들지 않습니다.

사랑할 때는 그 사랑이
얼마나 귀한지 모릅니다

해맑고 깊은 자연 속에 묻혀 있지만,

내 마음은 묵직한 아픔으로 가득합니다.

언제나 나는 당신을 위해서 살고 있지만,

당신을 위해서 살면 안 되는 거라는

그 아픈 현실을 나는 잘 알고 있습니다.

아, 난 당신이 사무치게 그립습니다.

당신도 나를 생각하고 있겠지요.

나는 나의 이 진심을

조금도 의심하지 않습니다.

그러나 어쩌겠습니까.

당신이 가까이에 있으면

사랑해선 안 된다는 생각이 들지만,

저 멀리에 떨어져 있으면

자꾸만 당신을 깊이 사랑하고 있다는

생각에 가슴이 아픕니다.

「슈타인 부인에게 보내는 편지에서」

사랑할 때는 모릅니다. 그 사랑이 얼마나 소중한지, 그가 내게 얼마나 귀한 사람인지, 아무것도 알 수 없습니다. 더는 사랑할 수 없거나 아주 멀리 떨어져 있게 되면, 그제야 비로소 더 사랑하지 못했던 자신의 과거를 후회하게 되죠.

연인도 가족도 지인도 모두 마찬가지입니다. 함께 있을 땐 몰랐던 애절한 그리움과 사랑을 바보처럼 멀리 떨어져 있을 때 깨닫게 되죠. 그리움의 거리가 너무 멀어서, 다시는 다가갈 수 없는데 말입니다.

우리의 젊은 나날을 좀 더 지혜롭게 보내려면 사랑의

가치와 무게를 제대로 측정할 수 있어야 합니다. 뒤늦게 후회하지 않도록요.

　　지금 이 시간에도 누군가
　　나를 위해 기도합니다.
　　곁에 있는 사람에게 최대한
　　자주 다정한 마음을 전하세요.
　　아주 많은 시간이 지난 후
　　그 사랑이 당신을 기억할 수 있도록.

'특유의'라는 표현이
노년을 무채색으로 만드는 이유

그대여, 모든 것은

조금이라도 더

젊었을 때 구해야 합니다.

젊음은 그 자체가

사라지지 않는 하나의 빛이죠.

그 빛이 흐려지기 전에

치열하게 자기 삶을 찾아야 합니다.

젊은 시절에 열심히 찾고

또 구한 사람은

찬란한 노년을 보낼 수 있습니다.

「자기만의 것을 구하라」

제목이 무슨 의미인지 선뜻 와닿지 않을 수 있습니다. 하지만 아래 내용을 보면 금방 이해할 수 있을 겁니다.

여러분은 지금 지하실에 있습니다. 누군가 묻습니다. "너는 이 지하실 느낌이 어때?" 그때 가장 간단하게 답할 수 있는 표현은 바로 이것입니다. "알지? 지하실 특유의 느낌! 바로 그런 느낌이야."

다른 장면으로 가보죠. 당신은 세계에서 가장 아름다운 산을 오르고 있습니다. 그때 지인에게 전화가 와서 받았습니다. "아름다운 산에서 바라보는 하늘은 어때?" 당신은 이렇게 답합니다. "봄날 그 특유의 하늘 알지? 너무 좋아."

어떤 공통점이 있나요? 맞습니다. '특유의'라는 표현이 나만의 생각과 표현력을 끼어들지 못하게 하고 있죠. 분명히 말은 했지만 지하실의 느낌이 어떤지, 봄날의 하늘이 어떤 풍경을 하고 있는지 듣는 상대방은 전혀 알 수 없습니다.

괴테는 젊은 날에 조금이라도 더 자신의 것을 구해야 한다고 조언했습니다. 바로 이런 상황을 두고 말하는 것입니다. 아무리 세계 방방곡곡을 여행하며 수많은 것을 봤어도, 항상 '특유의' 같은 표현만 남발하며 자신만의 이야기를 꺼낼 수 없다면, 아무것도 본 게 없는 사람과 다르지 않을 테니까요.

자기만의 세상이 없는 사람의 노년이 과연 아름다울 수 있을까요? 제대로 표현을 하지 못하니 소통이 제대로 이루어지지 않아서 관계도 엉망일 가능성이 높고, 그런 답답한 나날을 살게 되니 되는 일도 없어서 자존감도 낮을 것입니다. 그러니 너무 늦지 않게 지금부터 자기만의 세계를 하나하나 찾아보세요.

자기만의 표현을 갖는 건
세상을 바라보는 자기만의 눈을
치열하게 찾는다는 증거입니다.
세상이 정해준 표현이 아니라
내 삶이 알려준 것을 말하며 살아야 합니다.

돈의 진짜 주인,
자연의 진짜 주인은 누구일까요

부유함이란 무엇인가요?

따뜻한 태양 같은 것입니다.

걸인이 즐기는 태양의 온도를

당신도 이해할 수 있다면

부유한 자들도 걸인의 행복한 만족감을

제멋대로 나쁘게 해석하지 않을 것입니다.

그저 일상에 머물며 살다 보면,

세상은 한낱 꿈처럼 사라집니다.

그대는 숨만 쉴 뿐

운명이 모든 공간을 결정하죠.

더위나 추위도 붙잡을 수 없으며

그대에게서 피어난 것들은
금방 시들어 사라집니다.

거울은 말합니다.
"너는 이대로 아름답다."
나이 드는 것은 운명이라는 사실을
그대도 이제는 알고 있을 것입니다.
신은 언제나 이렇게 조언합니다.
"지금 이 순간을 사랑하라."

「부유함이란 무엇인가」

    그냥 주어진 것은 나의 것이 아닙니다. 운명의 주인이 되려면 태양의 빛 한 조각마저도 즐길 수 있어야 하죠. 다시 말해서 땅을 소유한 사람이 아니라 그 땅을 걷는 자가 그곳의 주인입니다. 음악을 만든 사람이 아니라 그 음악을 기쁘게 감상하는 자가 그 음악의 주인입니다.

부유함이란 현재 자신에게 주어진 것이 얼마나 값진 것인지 알고 매일 일상에서 그걸 아름답게 즐기며 가질 수 있는 상태입니다. 괴테의 말처럼 거울도 우리에게 늘 조언합니다. "당신은 지금 가장 아름답다"고 말이죠.

단순히 머물다 떠나는 사람에게 인생은 부질없이 사라집니다. 운명이라는 굴레 속에서 조금도 벗어날 수 없기 때문입니다. 우리는 단지 이 순간에 머무는 사람이 아니라 일상에서 주어진 것들을 적극적으로 활용하고 즐기며 지금 이 순간을 최대한 사랑하는 사람으로 성장해야 합니다.

여기에서 '자연의 주인이 왜 인간이냐! 자연은 자연의 것이다'라고 생각하는 분도 계실 겁니다. 그러나 제가 쓴 글을 여기까지 읽은 분이라면, 제가 말하는 주인이 어떤 의미인지 아실 수 있을 겁니다. 그게 바로 지성의 힘이니까요.

돈을 가진 사람이 아닌

그 돈을 쓰는 사람이 돈의 주인입니다.

일상이라는 재산 역시 마찬가지입니다.

주어진 일상을 하나도 쓰지 않고 산다면

우리는 인간에게 주어진

가장 위대한 재산을

소모하는 기계에 불과합니다.

자신에게 질문을 던지는 사람이
가장 고귀한 삶을 삽니다

구름 속을 아무리 들여다보아도
거기에는 인생이 없습니다.

대지 위에 반듯하게 서서
주변을 살펴보세요.
우리는 자신이 인정한 것만
붙잡을 수 있습니다.

맞아요, 그렇게 앞으로
나아가는 동안에는
고통도 있고
행복도 있습니다.

어떠한 경우에도 인생에서
완전한 만족이란 없는 것이죠.
자신이 인정한 그것을
오늘도 힘차게 찾아 헤매는
하루하루가 바로 인생입니다.

「인생」

괴테가 말한 구름이란 뜬구름과 같습니다. 엉뚱한 곳에서 타인에게 아무리 묻고 기대해 봐야 아무것도 얻지 못한다는 조언이죠. 그래서 우리에게는 색다른 질문이 필요합니다. 그게 과연 뭘까요?

세상에는 온갖 투자가 있습니다. 재물을 얻기 위한 투자도 있고, 자기 자신을 성장시키려고 하는 내면의 투자도 있죠. 그렇게 투자는 성격에 따라 다양하지만 성공적인 투자를 위한 길은 단 하나입니다. 그건 바로 늘 자신에게 질문해야 한다는 사실입니다.

투자하기 전에 이렇게 묻는 사람이 있습니다.

"이걸 하는 게 좋을까요?"

"지금 뭘 사야 할까요?"

"너무 늦은 게 아닐까요?"

이들은 운이 좋아서 무언가를 잘 사도 결국에는 실패하게 됩니다. 이유는 간단합니다. 팔아야 이득을 볼 수 있는데 그때를 모르기 때문입니다. 왜 사야 하는지 모르는 사람은 언제 팔아야 하는지도 모르는 법입니다. 결국에는 영문도 모른 채 늘 바닥으로 가죠.

그래서 필요한 것이 바로 '자기 자신에게 질문하는 삶'입니다. 자신에게 묻는 사람만이 무언가를 발견할 수 있고, 그 가치를 인정할 수도 있게 됩니다. 그런 삶을 살기 위해서는 일상의 가치를 깨달아야 합니다. 일상이 가장 중요한 재산이라는 사실을 모르는 사람은 자신에게 주어진 하루를 아무렇게나 소모하며 살게 되니까요.

늘 자신에게 질문하세요.

더 중요한 결정일수록

치열하게 자신에게 물어야 합니다.

시작한 이유를 스스로 알고 있어야

언제 끝내야 하는지도 결정할 수 있습니다.

4장

수많은 사람 중에서
나를 구분해 주는 것

- 기품 -

당신의 별자리가
당신이 뜨겁게 움직이길 기다립니다

말 안장 위에 나를 내버려두세요.

전진하고 싶지 않다면 그대들은

자신의 오두막과 천막에

머무르면 됩니다.

나는 두건 위로 보이는

저 별을 바라보며 더 먼 곳으로

기꺼이 말을 타고 달려가겠습니다.

신은 미지의 땅과 바다로 인도할

길잡이 역할을 하라고

우리에게 별자리를 주셨습니다.

우리는 그것을 찾아가는

그 여정 속에서 기쁨을 발견하고
항상 더 높은 곳을 바라볼 수 있습니다.

「자유로운 영혼」

   익숙한 곳에서 벗어나는 건 쉬운 일이 아닙니다. 별다른 생각을 하지 않아도 편안하게 살아갈 수 있도록 정리된 상태가 익숙함이기 때문입니다. 인간은 늘 생각하고 있는 것 같지만, 실제로는 정말 생각을 싫어해서 익숙한 곳에만 머물게 됩니다.

   그러나 괴테의 말처럼 신은 우리에게 생각하며 살라고, 그리하여 미지의 세계로 한번 가보라고 별자리를 주었습니다. 모두가 두려운 마음에 여기에 남아도 나 혼자 떠날 수 있다면, 나는 세상에서 가장 자유로운 사람입니다. 그래서 자유는 누가 내게 주는 것이 아니라 스스로 자신에게 선물할 수 있는 지성의 증거입니다.

   생각하는 사람만 낯선 곳으로 떠날 수 있습니다. 떠남

은 생각하는 자만의 특권입니다. 생각을 멈춘 사람은 결국 그 자리에 멈추게 됩니다.

모두에게는 자신만의 별자리가 있습니다. 그리고 그 별자리는 여전히 당신이 뜨겁게 움직이길 기다리고 있습니다. 그 별자리를 믿고 한번 나아가 보세요.

익숙한 공간과 결별하고

새로운 공간으로 떠나보세요.

그 여정 속에서 더 많은 기쁨과

즐거움을 만나게 될 것입니다.

타인의 생각에
지배받으며 살지 않으려면

사람은 누구나 자신을 위해

스스로 선택해서

개척한 길을 가야 합니다.

그러니 헛된 소리에 현혹되거나

타인의 생각에 지배받지 마세요.

자신의 기쁨과 행복을 위해서

굳이 타인의 허락을

받아야 하는 사람은 없습니다.

스스로 기쁨을 허락하세요.

「생각의 자유」

혹시 이런 생각을 자주 하나요?

'저 사람이 나를 안 좋게 보는 건 아닐까?'

'이렇게 말하면 혹시 오해하는 건 아닐까?'

'사람들에게 나쁜 소문이 나면 어쩌지?'

각자의 감정과 생각은 각자의 책임입니다. 다른 사람들의 감정과 생각까지 내가 책임질 필요는 없습니다. 상대가 오해를 한다고 하나하나 다 설명하고 풀어줄 수는 없습니다.

어떤 선택이 내게 무해한 것인지 한번 생각해 보세요. 나는 무엇도 요구한 적이 없습니다. 결국 나쁜 생각으로 오해를 한 건 모두 내가 아닌 상대의 책임입니다. 모든 원인을 자신에게서 찾으려는 그 어리석은 걱정의 굴레에서 벗어나세요. 타인의 생각에 지배받지 않고 살고 싶다면, 다음 세 가지 말버릇을 여러분의 것으로 만들면 됩니다.

1   너는 그렇게 생각하는구나. 내게는 나만의 생각이 따로 있어.

2 세상에 틀린 생각은 없어. 그저 서로 다를 뿐이지.
3 그렇게 생각할 수도 있겠네. 덕분에 새로운 사실을 하나 배웠어.

～

내게는 아무런 잘못도 없습니다.
그렇게 스스로를 믿는 순간
어떻게 살아야 하는지
길이 보이기 시작합니다.
생각의 자유를 즐길 수 있어야
자신의 길을 찾을 수 있습니다.

마음을 괴롭게 만들면
결국 외톨이가 됩니다

괴롭게 사는 사람은

결국 혼자 남게 됩니다.

사람들은 살면서

서로 사랑하지만

괴롭게 사는 사람은

신경을 쓰지 않습니다.

사랑하는 사람이 무얼 하고 있는지

소리 없이 다가가 바라보듯이

낮이나 밤이나

늘 괴롭게 사는 사람에게는

슬픔이 살며시 다가오고

고통이 사라지지 않습니다.

「괴롭게 사는 사람은」

누구에게나 갑자기 일이 몰릴 때가 있습니다. 그럴 때 이런 생각은 자신에게 나쁜 영향을 미치죠.

'이 많은 걸 대체 언제 다 하라고!'

일단 그렇게 생각하기 시작하면 모든 것이 괴롭게 느껴집니다. 주변 사람과 가족들까지 모두 짐처럼 부담이 되죠. 결국에는 혼자 외롭게 남게 됩니다. 하지만 그때 이렇게 생각하면 다른 현실을 만들 수 있습니다.

'일단 내가 할 수 있는 것부터 시작해 보자!'

그렇습니다. 가장 미련한 선택은, 내가 할 수 없는 일이 내가 할 수 있는 일을 방해하는 것을 그저 지켜보고 있는 것입니다. 삶의 고통과 슬픔은 자신을 괴롭게 만드는 사람만 골라서 찾아갑니다. 그래서 불행한 일이 자꾸 찾아오는 사람은 평생 힘든 하루를 반복하며 살게 됩니다.

자신이 할 수 있는 일을

하나하나 해나가며 사는 사람에게는

고통과 슬픔이 찾아오지 않습니다.

작은 도전과 성취를 반복하는 삶에는

그런 부정적인 감정이

살 수 없기 때문입니다.

내가 보낸 지난 모든 나날을
존경하는 마음으로

내가 당신을 사랑하고 있는지

나도 잘 모릅니다.

다만 당신의 얼굴을 한번 보기만 하면,

다만 당신의 눈을 한번 보기만 하면,

이 괴로운 내 마음의 흔적이 사라지고

행복해질 수 있을 것 같습니다.

그 비밀은 오직 신(神)만이 알고 있을 뿐

내가 당신을 사랑하고 있는지

여전히 나도 모릅니다.

「내가 당신을 사랑하고 있는지 나도 모른다」

이 시는 그저 연인과의 사랑 이야기에 국한된 것이 아닙니다. 당신 자신을 보세요. 왜 지금 내가 사랑하고 있는 일, 지금 내가 꼭 해야 하는 일을 하지 않고, 세상이 시킨 일에 삶을 투자하고 있나요? 왜 내가 행복해질 수 있는 길을 두고 괴로운 일상을 반복하고 있나요?

내 손길을 기다리고 있는, 그 오래된 연인과도 같은 일을 지금 시작해 보세요. 그러면 모든 괴로운 마음이 사라질 겁니다. 마음처럼 잘되지 않는다고 너무 낙심하지 마세요. 늘 지혜로운 선택을 하고, 늘 근사한 하루를 보내는 사람은 없습니다.

우리는 그저 그날그날 할 수 있는 최선의 선택을 하며 살아갈 뿐입니다. 돌아보면 늘 부족했던 모습에 후회를 하게 되죠. 때로는 그런 자신이 한심하게 느껴질 수도 있고요.

그러나 그렇다고 고생한 자신을 책망하지는 마세요. 언제나 우리는 자신을 위한 최선의 선택을 하면서 살았으니까요.

그날그날 충실하게 살았다면

그걸로 충분합니다.

인간이 할 수 있는 최선의 행동은

자신이 보낸 모든 나날을

존경하는 것이니까요.

두 눈을 부릅뜨고
삶과 죽음을 관찰하기

나는 곤돌라를

천천히 움직이는 요람에 비유합니다.

그리고 물건을 놓기 위해

곤돌라 위에 설치한 작은 상자는

널찍한 관으로 보입니다.

우리는 요람과 관 사이에서

삶이라는 좁고 기나긴 수로(水路)를

느긋하게 흔들리며

떠돌고 있는 것입니다.

「나는 곤돌라를 이렇게 생각한다」

나이가 들면 아기가 태어난 소식보다 세상을 떠나는 사람들의 소식을 더 자주 듣게 됩니다. 이때, 누군가의 죽음을 봤다면 나의 죽음도 생각할 수 있어야 합니다.

나도 언제든 죽을 수 있습니다. 죽음을 생각하며 살지 않는다는 것은 오히려 죽어 있는 삶을 살고 있다는 증거일 수 있습니다. 죽음을 생각하며 살아야 삶에 생기를 더할 수 있기 때문입니다. 괴테 역시 사는 동안 동시에 죽음을 생각했습니다. 덕분에 더 농밀한 하루하루를 보낼 수 있었죠. 우리는 두 눈을 부릅 뜨고 삶과 죽음을 동시에 관찰해야 합니다. 살아가면서도 죽음을 생각해야 하고, 죽어가면서도 삶을 생각해야 합니다.

그건 느낌표와 물음표를 오가는 삶과도 닮았습니다. 깨닫기 위해서는 질문해야 하고, 질문하기 위해서는 무언가를 느껴야 하죠. 죽음을 기억하며 사는 삶이 우리를 그렇게 살도록 도와줍니다.

느낌표와 물음표를 통해서

삶과 죽음 사이를 오가며

일상을 최고로 즐겨야 합니다.

내가 살았던 모든 기록은

그 사이를 자유롭게 오가며

하루하루를 즐긴 나날의 합입니다.

사랑에서 나온 것이라면
뭐든 망설이지 마세요

타오르는 불은 숨기기 어렵습니다.
낮에는 연기로 자신을 드러내고
밤에는 불꽃을 환히 밝혀
그의 정체를 드러냅니다.

또한 사랑도 숨기기 어렵습니다.
아무리 조용히 혼자 간직해도
사람들의 눈에는 그 뜨거운 마음이
모두 다 보이기 때문이죠.

하지만 세상에서 가장 숨기기 어려운 건
사랑에서 나온 한 편의 시입니다.

시인이 자신의 언어로 글을 쓰면

세상은 그 세계에 완전히 사로잡힙니다.

게다가 정성스럽게 완성한 아름다운 시라면

모두가 기쁘게 소리내어 읽게 되죠.

그것이 우리에게 괴로움을 주든

혹은 위안을 주든.

「진실한 고백」

사랑하면 누구나 시인이 됩니다. 자신도 모르게 그를 생각하면서 시를 쓰게 되죠. 과연 누가 그렇게 나온 시를 평가할 수 있겠어요. 그러니 만약 당신이 사랑을 담아 글을 썼다면, 조금도 망설이지 말고 세상에 보여주세요. 당신의 사랑이 세상을 밝힐 수 있게 말입니다.

괴테도 강조했듯이, 불과 사랑은 숨길 수 없습니다. 태양과 별도 마찬가지죠. 잠시 눈을 가려서 피할 수 있겠지만, 결국에는 두 눈으로 볼 수밖에 없습니다. 진리가 바로 그렇습니다. 누군가 어떤 의도로 잠시 숨기거나 가릴 수는 있지만 진리는 불처럼 빛나고 사랑처럼 뜨거워서 곧 자신의 존재를 드러내게 됩니다.

다시 강조합니다. 당신이 만든 것이 무엇이든, 그 안에 불의 빛과 사랑의 온도를 진실로 담았다면, 주저할 필요가 없습니다. 너무 과하게 자기검열을 하지 말고, 사람들의 눈도 의식하지 마세요. 자신 있게 당신의 이야기를 들려주고, 지금까지 어떤 마음으로 살았는지 알려주세요.

한 사람이 최선을 다해
무언가를 완성했다면
그 결과물은 언제나
누군가의 마음에 감동을 줍니다.

만약 나에게
단 하루만 남아 있다면

풀숲 어두운 그늘 아래

고개 숙인 한 송이 제비꽃이 피어 있었습니다.

하루는 예쁜 양치기 소녀가

저쪽에서 노래를 부르며

사랑스러운 제비꽃을 향해

사뿐사뿐 다가왔습니다.

제비꽃은 애타는 마음으로 생각했어요.

'아주 잠시라도 괜찮으니

이 숲에서 가장 예쁜 꽃이

내가 될 수 있다면 얼마나 좋을까?

예쁜 소녀가 나를 꺾어서

품에 소중히 간직해 준다면!
제발, 아주 잠시라도.'

그러나 소녀는 제비꽃을
발견하지 못하고 지나갔죠.
게다가 가련하게도 제비꽃은
소녀의 발에 짓밟혀 죽고 말았어요.
그러나 제비꽃은
오히려 기뻐하며 말했습니다.
"비록 이렇게 나는 죽지만
그래도 그 소녀의 발밑에서
죽는 거라 괜찮아."

「한 송이 제비꽃」

소중한 사람이 생겼거나 사랑에 빠지면 그 사람의 하루는 매우 농밀해집니다. 다시 말해서, 마치 오늘 하루만 남은 사람처럼 최선을 다해서 살게 되죠.

비록 소녀의 발에 짓밟혀 죽었지만 제비꽃이 웃으며 세상을 떠날 수 있었던 이유도 거기에 있습니다. 여러분에게 만약 단 하루만 남아 있다면 무엇을 선택하실 생각인가요?

아마 온전한 자기 자신으로 살지 못했다는 사실을 후회할 가능성이 매우 높습니다. 그래서 니체는 이렇게 말하기도 했습니다. "인생을 쉽고 편안하게 살고 싶다면 늘 무리를 이루는 사람들 속에 섞이면 된다. 그리고 항상 군중과 함께 어울리며 자신을 영영 잊으면 된다."

인생은 결코 길지 않습니다. 우리는 남처럼 살려고 사는 게 아닙니다. 남들 속에 자꾸 섞이면, 나는 자꾸 사라집니다. 게다가 사랑하는 사람에게 힘이 될 수도 없죠. 힘을 합쳐서 더 큰일을 해내는 협력과 나의 색을 잃고 섞이는 건 전혀 다른 개념입니다. 애초에 자신의 생각이 분명한 사람들이 모여야 협력도 할 수 있고 힘도 보탤 수 있는 것입니다.

수천 명의 사람이 모여도

그 안에 자기 생각을 가진 사람이 없다면

그들은 그저 명령에 따라서 움직이는

영혼 없는 육체일 뿐입니다.

인간은 과거를 확장시켜
더 나은 미래를 짓는 존재

이 세상 어디를 봐도
아름답지 않은 곳이 없습니다.
시인의 세계는 특별히 더 아름답죠.
다채롭게 빛나는 저 은회색의 들판에서
밤낮을 가리지 않고 반짝이고 있습니다.

모든 것이 오늘도 근사하게 보이네요.
언제나 이랬으면 참 좋겠습니다.
나는 오늘 사랑의 안경 너머로
세상을 바라보고 있는 것입니다.

「이 세상 어디를 봐도」

괴테의 시에는 유독 시인이라는 표현이 자주 등장합니다. 그가 말하는 시인이란 '긍정적으로 생각하는 사람'이라서 그렇습니다. 긍정적으로 생각하는 사람은 그의 시에서 말하듯 무엇을 봐도 아름다운 것만 보입니다. 자연스럽게 모든 순간이 깨달음의 무대가 되죠.

간혹 착각하는 사람이 있습니다. 우리는 흔히 시대를 뒤흔든 철학자나 현자들이 남긴 명언에는 보통 사람들의 일상과는 거리가 있는 고매한 의미가 담겨 있을 것이라고 생각합니다. 하지만 그렇지 않습니다. 그들 역시 우리와 비슷한 보통의 하루를 보냈습니다. 우리와 다른 점이 있다면, 그들은 일상에서 보람을 느낄 수 있는 것을 우선으로 생각했습니다. 괴테처럼 말이죠.

그래서 그들이 남긴 말은 우리가 사는 보통의 나날에 관한 내용이 대다수이고, 덕분에 그들의 말은 아주 오랫동안 감동을 전하는 명언으로 남을 수 있었던 것입니다.

세상은 자신을 긍정적으로 생각하는 사람에게만 자신의 빛을 허락합니다. 과거란 결국 현재의 무한한 반복으로 이루어져 있습니다. 다시 말해 늘 사랑의 안경 너머로 세상을 바라보는 사람은 저절로 더 나은 미래를 만나게 됩니다.

　

좋은 마음으로 바라보면

뭐든 좋게 보입니다.

인생과 나를 둘러싼 모든 환경은

내가 바라보는 시선이 결정하죠.

나는 나를 바꿀 수 있습니다.

자신을 심하게 책망하며
인생을 소모하지 마세요

눈물 젖은 빵을
먹어보지 못한 사람과
셀 수 없이 수많은 밤을
울면서 새운 적이 없는 사람은
하늘의 힘을 알지 못합니다.

하늘은 우리를 이 세상에 보내고
내면의 힘이 약한
가련한 자로 하여금
죄를 짓게 합니다.
게다가 심한 가책까지 느끼게 하죠.

누구든 죄를 지으면
벌을 받는 세상에 살고 있으니까요.

「눈물 젖은 빵」

여기에서 말하는 '하늘'은 인간의 운명이라고 볼 수 있습니다. 인간으로 태어났다면 쉽게 벗어날 수 없는 일종의 벽이라고 말할 수 있죠.

도전이나 힘든 경험을 회피한 내면의 힘이 약한 가련한 자는, 자신에게 주어진 인생을 제대로 살지 못했다는 죄를 짓게 됩니다. 가난에 쪼들리거나 일이 뜻대로 되지 않으면 인간은 죄를 짓는 상황에 이르기도 합니다. 그 죄는 남을 비난하는 것일 수도, 실제로 법을 어기며 누군가의 성취를 빼앗거나 독자치하려는 시도일 수도 있죠.

하지만 하늘의 힘, 즉 운명의 힘을 아는 사람들은 다른 선택을 합니다. 셀 수 없이 수많은 밤을 새우며 끝까지 자신의 목표를 이루기 위해 분투합니다. 운명은 스스로 개척하는 것이라는 사실을 잘 알고 있기 때문입니다. 눈물 젖은 빵이란 바로 그런 이들의 삶을 표현하죠.

사는 건 참 힘든 일입니다. 하늘은 우리를 지상에 살게 하면서 풍족하지 못한 환경과 가난을 주었습니다. 자꾸만 나쁜 생각을 하게 만들고, 세상이 규정한 온갖 나쁜 행동을 하고 싶다는 유혹 앞에서 흔들리게 하죠.

하지만 괴테는 그런 삶에서 벗어나라고 조언합니다. 그렇습니다. 노력하니까 힘이 드는 겁니다. 누구든 작은 잘못은 할 수 있습니다. 그럴 때마다 너무 자신을 책망하지 마세요. 인간은 노력하는 한 방황하는 법이니까요.

자기 삶에서 최선을 다하는 사람들은
밤을 새우며 울다 지쳐서
결국 눈물 젖은 빵을 먹게 됩니다.
그러나 자신을 지나치게 책망하지는 마세요.
감정을 소모하는 삶에서 벗어날 때
운명은 우리에게 길을 내어줍니다.

나날이 수준을 높여가는
'급이 다른 사람'의 특징

스스로 자신에게

가능성을 허락한다면

그대가 지상에 머무는 동안

금지된 건 그 무엇도 없습니다.

무엇이든 할 수 있습니다.

그래서 모든 인간은

노력하는 한,

방황하는 법입니다.

「인간의 가치」

물론 사람은 급으로 나뉘는 게 아니지만, 마흔이 지나면서 이런저런 경험이 쌓이면 저절로 이렇게 생각이 바뀝니다.

'사람에게도 나름의 수준이 있구나.'

나날이 자신의 수준을 높이는 사람들에게는 이런 특징이 있습니다.

1 예민하지 않고 늘 섬세하다.
2 화를 내지 않고 잘 설명해 준다.
3 꼬아서 생각하지 않고 그대로 받아들인다.
4 과도한 부탁을 하지 않는다.
5 자신에게 늘 좋은 말을 들려준다.
6 매일 자신의 생각을 기록해서 모은다.
7 의견이 달라도 늘 배울 점을 찾는다.

어떤가요? 이 일곱 가지 특징을 잘 살펴보면 자연스럽게 이런 생각을 할 수 있습니다. 점점 자신의 삶을 나아지게 만드는 사람은 부정론자도 긍정론자도 아닙니다.

그들의 존재는 바로 어떤 경우에도 도전하고 시작하는 실천론자입니다. 세상은 실천하는 자에게 방황이라는 장애물을 주지만, 또한 그 장애물을 넘을 수 있도록 가능성이라는 희망도 끝없이 안겨줍니다.

～

> 세상에 말로만 이루어지는 일은 없습니다.
> 시작해야 결과를 만날 수 있고
> 실패든 성공이든 결과를 만나야
> 자신의 실력과 노력의 가치를 알 수 있습니다.
> 뭐든 하세요. 하는 사람이 가장 강합니다.

우리가 너무나 쉽게
말하는 것들에 대하여

이것 이외에 다른 인생의 진리는 없으니
이 가르침에 귀를 기울어야 합니다.

하나, 자기만 아는 오만한 가슴에서는
우정이라는 꽃이 자라지 않습니다.
둘, 천박한 정신의 소유자들은
언제나 무례하니 상대하지 마세요.
셋, 악인은 잠시 잘될 수는 있으나
장기적으로는 위대해지지 못합니다.
넷, 질투를 일삼는 자는
결코 어려운 자를 돕지 않습니다.
다섯, 거짓말쟁이를 믿는 건

헛된 망상일 뿐이니 기회를 주지 마세요.

인생의 진리를 내면에 담고 잘 살고 싶다면
이 가르침이 사라지지 않도록 꽉 붙잡으세요.

「인생의 진리를 담은 다섯 가지 지혜」

간혹 처음 만난 사람이나 방송에 나온 사람들에게 이런 말을 하거나 댓글을 쓰는 사람이 있습니다.

"화장만 좀 옅게 하면 더 예쁠 텐데."

"성형을 안 한 얼굴이 더 좋았는데."

물론 좋은 마음에서 나온 말이죠. 그러나 만약 상대가 너무 안 좋은 피부가 콤플렉스라서 진하게 화장한 거라면, 건강에 치명적인 문제가 생겨서 어쩔 수 없이 했던 성형수술이라면, 듣는 사람의 마음이 어떨까요? 그럼 또 이렇게 반박하는 사람이 있습니다. "내가 몰라서 그렇게 말한 거지. 그럴 수도 있는 거잖아."

맞습니다. 하지만 그 반박에 가장 좋은 답이 여기에 있습니다.

"잘 모르는데 왜 자꾸 아는 것처럼 단정하고 결론까지 내리시나요?"

너무 쉽게 나온 말들이 듣는 사람의 마음을 한없이 무너지게 만듭니다. 세상을 좀 더 아름답게 만들고 싶다면, 마치 처음 사랑을 고백했던 그날처럼, 조금만 더 어렵게 말하면 됩니다. 쉽게 말하면 쉽게 상처를 받습니다.

내가 하고 싶은 말이 아닌

상대가 듣고 싶은 말을 들려주세요.

판정이나 결론을 내리는 평가는 최대한 자제하고

이해와 사랑의 눈으로 바라봐 주세요.

지금 아프다는 건 곧
기쁨의 순간이 찾아온다는 신호

나는 어디에서 왔을까요?

분명히 알 수 없습니다.

여기까지 온 길도

기억 속에서 희미하니까요.

다만 분명한 건

내가 사는 이 세계는

더없이 맑은 나날이라는 것입니다.

고통과 쾌락은

늘 다정하게 만나죠.

둘이 하나가 된다면

얼마나 좋을까 생각합니다.

서로 떨어지게 되면 누가 웃고,
누가 울고 싶어질까요.

「나는 어디에서 왔을까」

    고통과 쾌락은 전혀 다른 존재이지만, 같은 공간에서 살아가는 동반자입니다. 괴테는 그걸 말하고 싶었습니다. 고통이 없다면 쾌락도 없고, 쾌락이 없다면 고통도 존재할 수 없죠.
    인간은 누구나 자신의 존재를 고민합니다. 하지만 어디에서 왔는지, 또 어디를 향해 가고 있는지 스스로 알고 있는 사람은 별로 없습니다. 그저 지금이 최고의 순간이라고 믿으며, 하루하루 최선을 다해 주어진 일을 해낼 뿐입니다. 그런 일상에서 고통과 쾌락은 함께 살아가고 있죠. 죽을 만큼 힘든 일이 찾아올 때, 우리는 이런 생각으로 그 하루를 지나가야 합니다.
    '고통의 바람을 스치면 곧 쾌락의 바람이 다가오고,

쾌락의 바람을 스치면 곧 고통의 바람이 찾아온다.'

괴테가 강조한 것처럼 고통과 쾌락은 서로 순서를 바꾸며 우리를 찾아옵니다. 가볍지 않은 인간으로 살아가고 싶다면, 작은 고통 하나하나에 민감하게 반응하지 않아야 합니다. 아프다는 건 곧 기쁨의 순간이 찾아온다는 기분 좋은 신호입니다. 그래서 우리는 늘 자기 자신에게 더욱 집중해야 합니다. 그 누구도 아닌 자신을 사랑하다 보면 곧 기쁨의 순간이 찾아올 테니까요.

~

어디에서 왔는지 또 어디로 가는지,

우리는 그런 사실까지는 알 수 없습니다.

다만 지금이 최고의 순간이며,

나는 그 누구도 아닌

나 자신을 최고로 사랑해야 합니다.

10배의 법칙을 기억하면
차분함을 유지할 수 있습니다

나는 내 마음이 시키는 대로

비유를 사용해야 하지 않을까요?

신은 아무리 사소한 것도

비유를 통해서 삶을 가르쳤으니까요.

우리도 자신의 마음이 시키는 대로

비유를 사용해야 하지 않을까요?

신도 사랑하는 사람의 눈을 통해서

자신을 비유로 보여주었으니까요.

「유고(遺稿) 중에서」

괴테가 말한 비유란 무엇을 의미하는 걸까요? 그건 바로 그가 언급한 것처럼 '내 마음이 시키는 것'을 말합니다. 마음속에서 갈망하는 것이 무엇인지 인지한 후, 그것을 자신의 삶에서 실천해야 한다고 생각했죠.

제가 운영하는 SNS에서 갑자기 악플 하나가 나오면, 저는 이렇게 생각합니다. '어떤 게시물이 알고리즘을 타서 열 배의 사랑을 받고 있구나.' 그래서 찾아보면 실제로 그런 경우가 많습니다. 그럼 저는 다시 또 이런 생각을 하죠. '하나의 악플이 달렸다는 건, 열 개의 좋은 댓글이 달렸다는 증거지.' 살펴보면 이것도 맞다는 사실을 알게 됩니다.

만약 지금 당신에게 나쁜 소식이 하나 생겼다면, 이 사실을 꼭 기억해 주세요. 하나의 나쁜 일이 생겼다는 건 열 가지의 좋은 소식이 오고 있다는 증거입니다. 주어진 대로 받아들이지 말고, 내 마음이 시키는 갈망의 눈으로 변주해서 자신에게 들려주세요. 나를 미워하는 사람이 한 명 생겼다는 건 열 명의 좋은 사람이 생겼다는 증거입니다. 나쁜 하나를 보지 말고 좋은 열 개를 보세요. 그렇게 태도를 바꾸면 언제 어떤 상황에서도 차분함을 유지하며 흔들리지 않을 수 있습니다.

힘든 일이 생길 때마다
열 배의 법칙을 잊지 마세요.
나쁜 일이 하나라면,
좋은 일은 열 가지가 생깁니다.

책을 읽는 사람은 많아도
지성이 깊어지는 사람은 적은 이유

지혜로운 책이 들려주는 충고를 들으세요.
그러나 스스로 받아들일 수 있을 때만
충고는 그대를 도울 수 있습니다.
듣는 이가 귀를 기울이지 않는다면
세상에서 가장 행복한 말도
조롱받게 되니 소용이 없습니다.

세상의 모든 좋은 것들은
내가 받아들일 수 있을 때만 유익합니다.
듣는 이가 귀를 기울이지 않는다면
세상에서 가장 행복한 말도
조롱받게 되니 소용이 없습니다.

지혜로운 책은 스스로 이렇게 답합니다.

"가장 아름답다고 해서

최고의 신부(新婦)는 아니라네.

그대가 의미 있는 존재가 되려고 한다면

내면에서 가장 아름답고

가장 훌륭한 것을 원해야 한다네."

「지혜로운 사색의 책」

책을 읽는 사람은 많지만 지성이 깊어지는 사람은 별로 없습니다. 이유가 뭘까요? 오만과 질투 때문입니다. 여러분은 어떠신가요. 어떤 일이든 완성하기 전에는 다른 사람, 특히 가까운 주변 사람들이 모르게 하라는 말이 있습니다. 가깝다고 생각하는 사람일수록 시작하려는 일을 비난하고, 심하면 조롱할 가능성이 높기 때문입니다.

참 이상하게도, 가까운 사람의 좋은 소식을 들을 때마다 늘 반박하려고 노력하는 사람들이 있습니다. 좀 더 확장해서 말하자면, 이게 바로 대가(大家)에게 어떤 조언을 들어도 그들이 나아지지 않는 이유입니다. 배우고 달라지려는 마음으로 다가가야 하는데 오히려 반박하려는 마음뿐이니 무엇 하나도 배울 수가 없습니다. 빈틈만 찾으려고 하다가 활짝 열려 있는 지성의 공간을 그냥 스쳐 지나가게 되는 것이죠.

뭐든 나쁜 것만 보인다면 문제는 자신에게 있을 가능성이 높습니다. 그래서 무엇이든 좋게 생각하는 것이 자신의 발전을 위해서 좋습니다. 시니컬하거나 조롱하려는 태도는 당장 버리세요. 그래야 주변에서 들려주는 지혜와 평안의 음성을 내 안에 담을 수 있습니다.

좀 더 순수한 것을 원하세요.
더 높고 진리에 가까운 것을 바라보세요.
우리는 자신이 바라보는 대로 만들어집니다.
좋은 것을 원해야 좋은 내가 됩니다.

내가 스스로 나아지는 과정에
가장 큰 깨달음이 있습니다

자신을 알고

타인을 아는 사람은

모두 이 사실을 알고 있습니다.

동방과 서방은 떨어질 수 없는

하나라는 사실을 말이죠.

두 세계 사이에서

차분하게 사색에 잠겨

관찰하는 것이 중요합니다.

그럼 깨닫게 되죠.

동방과 서방을 오가며

스스로 깨닫는 게

가장 좋다는 사실을.

「유고(遺稿) 중에서」

「유고 중에서」는 괴테 시집에 수록되지 않은 시입니다. 괴테는 왜 생전에 이 시를 자신의 시집에 수록하지 않았을까요? 모든 결과나 선택에는 이유가 있습니다. 괴테는 늘 이런 생각을 했습니다.

1 씨를 뿌리는 일은 거두는 일만큼 어렵지 않다.
2 무언가를 주장하려면 그 말에 책임을 져라.
3 사는 내내 배움을 거듭하라.
4 성실한 사람은 싫증을 느끼지 않는다.
5 노력 없이 얻어지는 '나의 것'은 없다.
6 시대를 초월할 정도로 깊이 사색하라.
7 마법은 없으니 스스로 인생을 개척하라.

같은 사물을 봐도 그 사람의 사고 수준에 따라 전혀 다른 결과가 나옵니다. 깨달음은 느끼는 사람의 것이라서 아무리 현자가 설명하고 알려줘도 가질 수 없죠.

그 시절 이미 괴테는 동방과 서방이 떨어질 수 없는 하나라고 생각했습니다. 지금이야 당연한 말이지만, 그때 이 말은 지금과 다르게 들렸을 것입니다. 많은 반발과 오해를 받았겠죠. 그래서 시집에 수록되지 못했을 겁니다.

하지만 괴테는 두 세계 사이에서 오랫동안 사색하며 얻은 깨달음을 죽는 날까지 믿고 지켜냈습니다. 어디에도 속하지 않고 '사이'에서 깨달은 것이라 더욱 강한 확신이 있었기 때문입니다.

> 더 나아지고 싶다면 상대가 아닌
> 나를 바꾸려는 선택을 해야 합니다.
> 내가 나아지면 같은 상대에게서도
> 귀한 것을 깨닫게 되니까요.
> 내가 바뀌어야 세상도 바뀝니다.

5장

천 개의 눈과 심장으로
세상을 탐구하는 일

- 사색 -

지금 당신에게 주어진
일상을 사랑하세요

아, 누가 되찾아 줄 수 있을까요.

그 아름다웠던

내 첫사랑의 나날을.

아, 누가 되찾아 줄 수 있나요.

그 좋았던 시절의

모든 순간을.

아무리 상처를 달래도

끝없이 되살아나는 슬픔에

잃어버린 행복까지 아파합니다.

아, 그러나 대체

누가 되찾아 줄 수 있나요.

그 아름답고 좋았던 시절을.

「잃어버린 첫사랑」

오래전에 열린 1만 미터 달리기 경기에서 참 아름다운 장면이 펼쳐졌습니다. 한 선수가 물을 마시는 장소에서 그만 실수로 물잔을 놓쳤는데요. 너무 지쳐서 달리기를 포기할 수도 있는 상황에서 물까지 마시지 못하게 되자, 그 힘든 표정이 화면을 보는 저에게까지 전해질 정도였습니다.

그때 아름다운 기적이 일어났습니다. 바로 뒤에서 그 모습을 다 지켜보며 달리고 있던 그의 강력한 경쟁자였던 한 선수가, 자신이 마실 물컵을 들어 반 정도 마시더니 속도를 내서는 그 선수에게 달려가 물을 마시라고 건넨 것입니다.

영화에서나 일어날 법한 이야기를 접하고, 다음과 같은 말과 댓글을 남기는 사람이 많았습니다.

"안타깝게도, 이런 인간적인 모습이 없어지는 요즘입니다."

"아름답네요. 그런데 이제는 저런 멋진 선수를 찾기 어렵죠."

괴테가 「잃어버린 첫사랑」이라는 시를 쓴 이유는 뭘까요? 아름다운 과거로 다시 돌아가고 싶은 그리움에 쓴 걸까요? 전혀 그렇지 않습니다. 그가 과거를 회상하며 이 시를 쓴 이유는, 제발 과거는 그대로 두고 오늘 당신에게 주어진 일상을 과거보다 더 사랑하라는 이야기를 하고 싶어서입니다.

다시 말해서, 물컵을 건네는 선수가 현실의 세계에서는 이제 없다고 불평하지 말고, 당신 자신이 지금 어려운 누군가에게 물컵을 건네는 사랑스러운 사람이 되라고 쓴 시입니다. 저는 괴테의 모든 것을 아끼지만, 이 시는 가장 아끼는 시입니다. 사랑의 위대함을 강조한 글이라서 그렇습니다. 언제나 지금 더 사랑하세요. 누군가의 손을 잡아줄 수 있는 가장 좋은 순간은 바로 지금입니다.

과거는 과거 그대로 두세요.

그게 가장 아름답습니다.

대신 오늘 당신에게 주어진 하루를

미치도록 사랑하고 아껴야 합니다.

오늘의 사랑은 오늘만 즐길 수 있으니까요.

더는 오늘이 아픈 과거가 되게 하지 마세요.

세상에서 가장
아름다운 문장

내가 진정으로

소유할 수 있는 건

내 영혼으로부터

멈추지 않고 흘러나오는

'생각'이라는 사실을

잘 알고 있습니다.

모든 귀한 것이

다 녹아 있는

'지금 이 순간'에

최선을 다하는 한

운명은 내게

언제나 호의적입니다.

「소유할 수 있는 것」

지금 이 순간 최선을 다하는 마음, 이것이 바로 괴테가 생각한 세상에서 가장 아름다운 문장입니다. 그러나 인생은 늘 우리가 가진 자신감을 빼앗아 갑니다. 세상에 사는 게 쉬운 사람은 없습니다. 대부분 겨우겨우 살아가고 있죠. 그래서 우리에게는 자랑이 필요합니다. 힘들 때마다 자신에게 박수를 치며 이렇게 멋지게 살고 있는 자신을 자랑하세요.

간혹 자신도 모르게 과하게 자신감을 표현해도 자신을 검열하며 막지 마시고 최대한 좋은 말을 들려주세요.

"난 잘하고 있어."

"맞아, 나라면 충분히 가능하지."

꼭 기억하세요. 지쳤다는 건 치열했다는 증거이고, 아프다는 건 사랑했다는 증거입니다. 실망의 크기는 믿음의 크기이며, 실수의 숫자는 도전의 숫자와 일치합니다.

무언가를 계속해서 하는 사람은

늘 어떤 결과를 만나게 됩니다.

결과는 그리 중요하지 않습니다.

앞으로는 시작한 숫자만 기억하세요.

그 기억이 나를 살게 해주니까요.

인생은 풀어야 할 숙제가 아니라
즐겨야 할 축제

내 손으로 만드는

나의 일상,

나의 운명이여,

모든 것을 내가 만들게 해주세요.

아, 나는 지치지 않을 겁니다.

내가 품은 그것이

허망한 꿈이라고 말하지 말아요.

지금은 한낱 막대기에 지나지 않지만

이 나무는 자라서

언젠가는 열매를 맺고

자기만의 그늘을 만들 것입니다.

「희망」

  희망은 자기 자신에게만 좋은 게 아닙니다. 나무가 자라서 누군가에게 그늘을 선물하듯, 희망을 가진 사람은 자신을 바라보는 사람에게 좋은 마음을 느낄 수 있게 해줍니다.
  그러니 지치지 마세요. 누가 뭐라고 비난을 해도 당신이 가진 꿈을 허망한 것이라 치부하지 마세요. 당신은 정말 소중한 사람입니다. 삶이 힘들고 어려워도 자신을 재촉하거나 힘들게 하지 마세요. 하나를 해냈다면 그것을 해낸 자신을 격려하고 축하하는 게 먼저입니다. 둘 혹은 셋을 더 해내라고 자신을 채찍질하지 마세요.
  당신은 곧 누군가에게 그늘이 될 근사한 나무로 자랄 사람입니다. 그러니 수고한 자신을 안아주며 다정한 말을 들려주세요.

인생은 풀어야 할 숙제가 아니라

즐겨야 할 축제입니다.

간혹 이해할 수 없는 순간도 있습니다.

이해가 되지 않을 때는 굳이

이해하려고 애쓰지 마세요.

애를 써서 이해한 것들은

결국 모두 상처로 남습니다.

통찰력을 가지려면
중간에 판단을 하지 마세요

내가 아는 책 중에 가장 심오하고

알 수 없는 '사랑'이라는 책을,

나는 평생 차분히 읽어 내려갔습니다.

기쁨이 녹아 있는 페이지는 적었고

한 권을 읽는 내내

아픈 괴로움만 반복되었습니다.

수많은 이야기가 담긴 이별은

단 한 장만 차지하고 있었고,

다시 만난 이야기에 대해서는

아주 짧은 단문으로만

설명하고 있었습니다.

그리고 삶의 고뇌는
책의 시작부터 끝까지
끊임없이 이어졌습니다.

오, 마침내 나는 정답을 찾았습니다.
우리가 영원히 풀 수 없었던
그 모든 사랑의 문제는
앞으로 새롭게 만나
사랑을 시작하는 사람들이
풀어야 한다는 것을 말입니다.

「사랑의 책」

    괴테는 평생 사랑이 무엇인지 알고 싶었습니다. '대체 사랑을 뭐라고 정의할 수 있을까. 누군가 묻는다면, 무엇이 사랑이라고 답할 수 있을까?'

    하지만 그도 결국에는 판단하려는 의지를 꺾었습니

다. 사랑에는 답이 있는 것이 아니며, 사는 내내 살펴보며 그저 조금씩 보완하는 것이라는 사실을 깨닫게 되었기 때문입니다.

"넌 참 통찰력이 대단하다"라는 말을 자주 듣는 사람에게는 어떤 특징이 있을까요? 그들은 두 눈을 활짝 열어두고, 대상을 마음속에 잘 각인시킵니다. 그리고 아주 오랫동안 관찰하고 사색하며 자기만의 시선을 단련하죠. 단, 그들은 중간중간에 가급적 판단은 하지 않습니다. 판단은 인간에게 쾌감을 줍니다. 하지만 그로 인해 끝까지 균형을 잃지 않고 사색한 자에게만 주어지는 통찰력을 갖지 못하게 되죠.

중간에 판단을 내리지 않고 오랫동안 꾸준히 지켜보며, 그 대상이 내게 무엇을 말하고 있는지 들을 수 있다면, 우리는 양질의 통찰력을 가질 수 있습니다. 대상이 내게로 와서 무엇이 되려고 하는지 끝까지 경청하고 들어야 합니다. 중간에 평가를 내린다는 건 "난 널 이렇게 결정했어!"라고 일방적인 통보를 하는 것과 같습니다.

끝까지 그저 바라보세요.

그러면 그가 내게 무슨 말을 하는지,

내게로 와서 무엇이 되려고 하는지

더 선명하게 알게 됩니다.

통찰력의 시작과 끝은 끈기입니다.

섣부른 판단은 곧 사라지는 쾌락일 뿐입니다.

희망은 내가
스스로에게 허락한 천국

오늘은 축제가 있는 날이라

옷장에 고이 모셔 두었던

예쁜 옷을 입고 외출합니다.

그러나 누가 제 마음을 알겠습니까.

슬픔으로 인해서 가슴이

갈기갈기 찢어져 있다는 사실을 말이죠.

나는 왜 늘 몰래 울어야 하나요.

그러나 남들에게는

언제나 웃는 얼굴로 대합니다.

게다가 마치 잘살고 있는 것처럼

환한 미소를 지으며 말이죠.

혹여 내가 가진 이 슬픔이
가슴을 찌르는 칼날이었다면
난 이미 오래전에 죽었을 것입니다.

「미뇽에게」

  슬픔이 가슴을 찌르는 칼날이었다면 오래전에 죽었을 것이라는 괴테의 말은 이렇게 해석할 수 있습니다. '그럼에도 다시 너를 만날 수 있을 거라는 희망이 있어서 덕분에 살아갈 수 있다.' 그래서 이 시는 이별의 슬픔이 아니라 다시 만날 수 있다는 희망을 강조한 시라고 볼 수 있습니다. 희망이 없다면 시도 쓸 수 없었을 테니까요.
  이처럼 인간에게 희망은 매우 중요한 역할을 합니다. 지금 당장 뭔가를 사달라고 조를 수 있는 사람은 내게 없지만, 앞으로 노력해서 무언가를 사줄 수 있는 사람은 될 수 있습니다. 하나를 할 수 없다고, 노력해서 이룰 수 있는 나머지 하나까지 포기할 수는 없습니다. 할 수 있는 하나를 생각하면 내 삶은 더욱 농밀해지죠. 희망이 있는 삶은 스스로 선택하는 것입니다.

할 수 없는 것에서 벗어나 스스로 주도할 수 있는 것을 찾아보세요. 이런 생각으로 말이죠.

'나는 가난하게 태어났으니 남들보다 좀 더 부지런히 움직여야지.' '내게는 타고난 재능이 없으니 좋아하는 일을 하나 선택해서 꾸준히 반복해야겠어.' '내게는 책임질 사람이 많으니 독서와 글쓰기를 통해서 내면을 탄탄하게 다져야지.'

어렵고 힘들다는 이유로 주저할 시간도 제게는 없습니다. 그 시간이 너무 아까우니까요. 결핍을 딛고 한 걸음 나아갈 때 희망이 보입니다.

천천히 그러나 쉬지 않고 걸어가면
어제보다 더 나은 오늘을 만날 수 있습니다.

그 희망이 저에게는

스스로에게 허락한 천국입니다.

오래된 나를 떠나
낯선 곳의 주인이 된다는 것

깊은 정적이 바다를 지배하고 있습니다.

미동도 없이 바다는 떠 있고,

괴로운 표정의 뱃사람은

수평으로 펼쳐진

수면을 바라보고 있습니다.

어디에서도 불지 않는 바람,

지독한 죽음의 정적,

그 끝없이 넓은 바다에

파도 한 조각도 일지 않습니다.

「바다의 정적」

뱃사람은 늘 새로운 바다와 마주해야 합니다. 그때마다 지독한 정적이 그들을 괴롭히죠. 매번 새로운 바다가 펼쳐지는 그 망망대해에서 살아남기 위해서는 자신의 시각을 바꿔야 합니다.

새로운 곳으로 여행을 떠날 때도 그렇습니다. 언젠가 독일에서 놀라운 광경을 목격한 적이 있습니다. 대낮에 대학생으로 보이는 청춘들이 커다란 와인병을 손에 들고 걸어가며 마시는 것이었습니다. 그냥 보기만 해도 즐거운 기분이 느껴졌습니다.

그때 저는 '대낮에 이게 무슨 짓이야!', '뭐야, 어린 나이에 알콜중독인가?'라고 비난하는 대신, 이런 생각을 했죠. '저렇게도 와인을 마실 수 있구나!' 그전까지 저는 격식을 차리고 마시는 게 와인이라고 여겼으니까요.

그렇게 새로운 것을 좋게 보려는 시선으로 그들을 바라본 덕분에 걸어가며 가볍게 마실 수 있는 와인도 존재한다는 사실을 알게 되었습니다. 저는 그때 이후로 유럽을 여행할 땐, 탄산수 대신에 작은 샴페인병(피콜로, 187.5 ml)을 들고 걸어가며 즐깁니다. 아무리 힘이 들어도 그

작은 와인병을 드는 순간, 제 하루는 아름다운 멜로디가 멈추지 않는 축제가 되죠.

그렇게 저는 스스로에게 좋은 기분을 선물할 수 있게 되었고, 학교에서는 배울 수 없는 새로운 사실도 깨닫게 되었습니다.

어떻게든 트집을 잡거나

단점만 보려는 마음으로 바라보면

아무것도 배울 수 없습니다.

오래된 나를 떠나야

낯선 곳의 주인이 될 수 있습니다.

당신은 누구를 위해, 무엇을 위해
살아가고 있나요

나이가 드니 한 사람,

또 한 사람이 세상을 떠납니다.

가끔은 더 젊은 사람이

세상을 먼저 떠나기도 합니다.

그러니 좀 더 빠르게,

그리고 씩씩하고 대범하게,

각자에게 주어진 길을 갑시다.

이 꽃 저 꽃 예쁘다고

곁눈질하며 탐내다 보면

나는 제자리에 머물고 말죠.

또한 우리가 그간 저지른 거짓보다

우리를 제자리에 강력하게

묶어두는 건 없습니다.

「명상 시편」

    1952년, 슈바이처 박사는 덴마크에서 열리는 노벨 평화상 수상식에 참석하기 위해 파리까지 열차를 타고 이동했습니다. 그가 파리에 도착한다는 사실이 알려지자 취재를 위해 기자들이 기차로 몰려들었죠.

    기자들이 가장 먼저 찾아간 특등실에 그는 없었습니다. 1등 칸에도 2등 칸에도 그가 없자, 대부분의 기자들이 돌아갔습니다. 하지만 영국 기자 한 사람이 마침내 3등 칸에 있는 슈바이처를 발견했습니다.

    "박사님, 왜 3등 칸에 타신 겁니까?"

    그러자 슈바이처는 이렇게 답합니다.

    "이 기차에는 4등 칸이 없어서요. 나는 편안한 곳을

찾아다니는 게 아니라 나의 도움을 필요로 하는 사람을 찾아다닙니다. 특등실의 사람들은 나를 필요로 하지 않습니다."

여러분은 누구를 위해서 사나요? 괴테는 이 꽃 저 꽃 예쁘다고 곁눈질하며 탐내지 말고 자신만의 목표를 위해서 살아야 한다고 조언합니다. 제자리에서 벗어나고 싶다면, 살아가는 하루하루에 전념하세요. 우리는 모두 이 사실을 알고 있습니다. 인간은 언젠가 반드시 죽을 수밖에 없으니 언제나 나를 중심에 두고 판단하고 선택하며 살아야 한다는 사실을 말이죠.

내가 어떻게 죽을 것이며
어떤 모습으로 기억될 것인지는
지금 살아가는 하루하루의
선택과 행동에 달려 있습니다.

모든 일은 원래
할수록 힘들다고 느껴집니다

세상은 우리에게 이런저런 책을

모두 사서 읽으라고 유혹하지만

지식이란 본래 그렇게 자신을

과하게 포장하기 마련입니다.

차분한 마음으로

주변을 둘러보면 알게 됩니다.

사랑만이 우리에게 깨달음을 줍니다.

우리는 지금까지 많이 듣고 배우려고

밤낮으로 최선을 다했습니다.

이제는 다른 문에 조용히 귀를 대고

어떻게 배우는 게

지혜로운 것인지 알아보세요.

내 안에 올바른 것이 싹트려면

올바른 것을 보고

느끼도록 노력해야 합니다.

순수한 사랑에 불타오르는 사람을

다정한 우리의 신은 외면하지 않습니다.

「명상 시편」

  30년 동안 책을 110권 넘게 쓰며 제가 깨달은 것은 세상이 흔히 말하는 온갖 글쓰기 기술이 아닙니다. 딱 하나, '글쓰기 정말 어렵다. 아무나 쓰는 것이 아니다'라는 변하지 않는 사실이죠.

  우리가 오랫동안 어떤 일을 하면서 깨달아야 할 단 하나의 진리는, 참 어렵다는 사실뿐입니다. 뭐든 하면 할수록 힘이 들고 어렵습니다. 괴테 역시도 최선을 다한다고 무언가가 되는 건 아니라고 했습니다. 꾸준히 올바른 것을 보며 거기에서 무언가를 느껴야 성장의 재료가 될 지혜와 지식을 쌓을 수 있다고 조언했죠.

니체가 현존하는 독일 최고의 교양서라고 칭송한 『괴테와의 대화』라는 책은 괴테의 제자 요한 페터 에커만이 스승 괴테를 10년 동안 1000번 만나 나눈 이야기를 정리한 책입니다. 그러나 그것이 전부가 아닙니다. 당시 에커만은 20대 초반, 처음 괴테의 시를 읽고 그에게 반해 그를 찾아가야 한다고 결심했지만 바로 실천하지는 않았습니다. 무려 10년 가까이 자신의 지성을 갈고닦았습니다. 이유는 오직 하나, 조금이라도 괴테에 근접한 수준에 도달해야 한다고 생각했기 때문입니다. 『괴테와의 대화』는 결국 에커만이 20년 동안 쓴 책인 셈입니다.

취미가 아닌 하나의 일로 생각하며 글을 쓰고 있다면 더 진지해져야 합니다. 모든 일이 다 그렇듯, 처음부터 글쓰기를 쉽게 생각하고 다가가면 발전이 더딥니다. 글이 막힐 때마다 '취미로 쓰는 건데, 뭐 대충 넘어가자'라는 생각에 가장 쉬운 방법으로 문제를 해결하려고 들기 때문이죠. 자신의 방법을 통해 해결해야 하는데, 자꾸만 타인의 방법이나 배운 기술로 쉽게 해결하려고 합니다. 그렇게 되면 당연히 10년을 반복해도 아무런 발전이 없습니다.

올바른 방법을 찾기 위해 어느 때보다 진지하게 고뇌할 각오를 해야 하며, 밤을 지새우며 해결할 의지를 갖고 덤벼야 겨우 해낼 수 있는 것입니다.

겁을 먹고 두려워할 필요는 없습니다.
성장의 신은 진지한 마음으로
자신을 갈구하는 자에게
한없이 자애롭기 때문입니다.
진지한 눈빛으로 다가가세요.
다음 일은 눈빛에 맡기면 됩니다.

불의를 발견하는 건 쉽지만
진리를 발견하는 건 어렵습니다

인간은 정말 쉽게 변하지 않습니다.

대부분의 사람이 모두 비슷하게 행동하죠.

주위 사람이 불행에 빠지면 오히려 기뻐하고,

불길이 무섭게 솟구치면 밖으로 뛰쳐나갑니다.

죄가 없는 가련한 죄인이

사형장으로 이동한다는 소식이 들리면

당장 길거리로 나가서 구경을 시작합니다.

오늘도 그런 그들의 행동은 변하지 않았습니다.

가여운 피난민의 모습을 보기 위해서

마치 소풍을 가듯 웃으며 집을 나옵니다.

그런데 바로는 아니더라도,

> 머지않은 미래의 어느 날 그들과 같은 운명이
> 자신에게도 찾아올 수 있다는 사실을
> 그들은 전혀 생각하지 않는 것 같습니다.
> 사람들은 생각보다 더 생각하지 않습니다.
> 그것이 인간의 천성입니다.

「헤르만과 도로테아 제1가(歌)」

 평생 진리를 추구하며 누구보다 세상 이치에 밝았지만 괴테는 신문을 잘 읽지 않았습니다. 참 놀라운 일이죠. 이유는 생각보다 간단합니다. 신문을 읽지 않으면 오히려 마음이 자유로워지고, 기분이 좋았기 때문이죠. 그는 늘 이렇게 생각했습니다.

 "사람들은 너무 남의 일에만 신경을 쓴다. 그렇게 살면 자기 눈앞의 의무는 잊어버리기 쉽다."

 맞습니다. 언제나 나를 가장 잘 모르는 사람은 나 자신이었습니다. 타인의 단점에 열광하고, 그들의 불행에 기뻐하며 온통 남에 대한 소식과 생각으로만 하루를 가득 채우죠.

이를테면 세상에서 일어나는 온갖 불의(不義)를 발견하는 건 매우 쉬운 일입니다. 누구나 그저 남의 행동을 지켜보고 있으면 어디가 잘못되었는지 금방 알 수 있죠. 눈만 있으면 누구나 할 수 있는 본능에 가까운 일입니다.

그러나 진리를 발견하는 것은 어렵습니다. 꼭 찾겠다는 의지를 가져야만 해낼 수 있으니까요. 그러니 아무도 생각하지 않는 이 공간에서 여러분이 먼저 생각을 시작해 보세요.

~

나를 아는 것이 곧 진리입니다.
의지를 갖고 자신을 탐구해야
'나'라는 진리를 발견할 수 있습니다.
나는 나를 좀 더 바라보겠습니다.

당신이 누구든 계속하면
결국 잘될 수밖에 없는 이유

마음속에서

생각을 시작하기 전에는

항상 주저함이 있습니다.

그 기회를 잡지 않고 물러서면

생각은 가치를 잃어버리죠.

생각의 시작이 곧 창조라는

기본적인 진실을 알아야 합니다.

그 사실을 모른다면

수많은 이상과 빛나는 계획이 생명을 잃죠.

하겠다는 다짐을 하는 순간부터

하늘도 그 사람을 돕습니다.

다짐을 하지 않았다면 결코 만날 수 없는

수많은 운의 흐름이 일어나 그를 돕습니다.

예측하지 않은

모든 종류의 사건과 만남,

물질적 원조가 유리하게 생겨나며

아무도 꿈꿀 수 없었던 일이 잘되어 갑니다.

나는 내가 원하는 모든 것을

지금 바로 시작할 수 있습니다.

천재성과 힘, 그리고 마법이

용감하게 시작하는

그 순간에 모두 들어 있습니다.

「생각한 것을 지금 시작하라」

힘든 일이 있으신가요? 그렇다면 저는 꼭 괴테의 이 시를 소개하고 싶습니다. 여러분의 생각 속에는 천재성과 힘, 그리고 마법의 모든 요소가 녹아 있습니다. 다만 중요한 건 꾸준히 반복하는 힘입니다. 생각한 것을 반복해서 실천하며 우리는 그 일의 프로가 될 수 있고, 자신의 능력을 세상에 보여줄 수 있습니다. 주변에서 각종 SNS를 하는 사람들을 보면서 저는 이런 깨달음을 얻게 됩니다. 간단하게 소개합니다.

1. 블로그든 인스타그램이든, 각종 SNS를 시작하는 사람은 아주 많습니다.
2. 시작할 때 온도는 아주 뜨겁습니다.
3. 그러나 딱 한 달만 지나도 50% 정도는 거의 활동을 하지 않습니다.
4. 3개월이 지나면 20%만 남습니다.
5. 6개월이 지나면 10%만 남습니다.
6. 그러다가 1년이 지나면 결국 3%도 채 남지 않게 됩니다.
7. 처음의 온도를 유지하면서 딱 1년만 해보세요.

8 누구든 계속하면, 안 되는 게 더 힘듭니다.

생각은 기적의 시작이고,

실천은 기적의 완성입니다.

망설이지 않고 당당하게

지금 바로 시작하면

내 삶의 기적을 쓸 수 있습니다.

피트니스 센터에서
운동을 하지 않는 할아버지

홀로 깊은 숲속을 걸었습니다.
그 무엇도 찾으려고 했던 것은 아닙니다.
그저 길을 걸었지요.

그늘 속에서 별처럼 빛나며
작은 눈동자처럼 아름다운
작은 꽃송이를 보았습니다.

꽃을 꺾으려고 다가갔습니다.
그러자 꽃이 이렇게 속삭였어요.
"제가 당신에게 꺾여서
시들어져야 할까요?"

저는 그 꽃을 뿌리째 뽑아

집 옆 작고 예쁜 정원으로

옮겨 심었습니다.

그러자 그 꽃은

조용한 공간에서 다시 살아났습니다.

이제는 사방으로 가지를 뻗으며

점점 더 크게 자신을 피워내고 있습니다.

「발견」

괴테는 숲속을 걷다가 꽃을 봤습니다. 꽃의 눈동자에서 꺾이기 싫다는 마음의 표정을 봤죠. 그래서 그는 뿌리가 상하지 않게 뽑아내어 정원에 심고, 마음껏 성장할 수 있게 해줬습니다.

이 시에는 관찰과 발견의 가치가 녹진하게 담겨 있습니다. 모두가 보고 있지만 아무도 발견하지 못한 것을 그는 보고 스스로 깨달았죠. 이런 일은 우리 일상에서도 자주 일어납니다.

제가 다니는 피트니스 센터에는 90대 정도 되어 보이는 할아버지 한 분이 오십니다. 기억할 수밖에 없는 것이 그 할아버지는 견고한 지팡이에 의지하며 간신히 한 발 한 발 걸음을 내딛기 때문입니다. 그렇게 어렵게 피트니스 센터에 도착한 할아버지는 의자에 30분 정도 앉아 있다가 다시 집으로 돌아가십니다. "아니, 운동을 안 하면서 왜 오시는 거야?"라고 말할 수도 있겠죠.

모든 사람에게는 각자의 이유가 있습니다. 저는 관찰을 통해서 그 사실을 발견했습니다. 누군가는 아령을 두 시간 동안 들거나 전력으로 한 시간은 뛰어야 운동이지만, 이렇게 피트니스 센터에 도착하는 것만으로도 충분히 운동이라 말할 수 있는 사람도 있습니다.

그래서 사람이 사람을 이해한다는 건 참 어렵습니다. 최소한의 시간을 투자해서 어느 정도는 차분히 지켜봐야 그 사람이 내던진 한마디와 사소한 행동 하나에 어떤 의미가 있는지 알 수 있는 것입니다.

세상에 이해하기 힘든 사람은 있어도

이해가 불가능한 사람은 없습니다.

누군가를 이해할 수 없다면

충분히 지켜보지 않은 것입니다.

오랫동안 바라보면

보이지 않았던 것들이 보입니다.

"좋아하는 일을 하니 행복하시죠?"라는 말에 대하여

내 마음은 왜 이렇게

늘 불안할까요?

인생은 짧지만 하루는 깁니다.

이 마음은 끝없이

무언가를 그리워하고 있습니다.

그것이 하늘을 향한 것인지

나는 알 수 없습니다.

그저 갈피를 잡지 못해서

방황하며 흔들릴 뿐입니다.

나는 언제나 나 자신으로부터

도망치고 싶었습니다.

마침내 연인의 품으로 달려가서

천국처럼 쉬고 싶었습니다.

삶은 누구에게나 소용돌이입니다.

내 마음은 어디에 있는 걸까요?

무엇을 원하고 또 무엇을 잃더라도

마음은 자기 자신을 벗어날 수 없는

참 어리석은 존재입니다.

「방황하는 이유」

인간은 노력하는 한 방황한다는 말을 남긴 괴테도 사는 내내 방황을 거듭했습니다. 더 나은 자신을 원했기 때문에 늘 불안하고 힘든 나날을 벗어날 수 없었을 겁니다. 그러나 그도 역시 이런 말을 자주 들었습니다.

"좋아하는 일을 하니 행복하시겠습니다."

저도 간혹 주변에서 같은 말을 듣습니다. 그러나 이 말은, 그 말하는 사람이 실제로 무언가를 주도적으로 해본 경험이 없다는 사실을 증명하는 표현입니다. '좋아하는'과 '일', 그리고 '행복'은 서로 너무나 어울리지 않는 말이기 때문입니다.

대부분 좋아하는 건 일이 될 수 없으며, 행복도 일을 하면서 느끼기 힘든 감정입니다. 세상에 좋아하는 일을 하면서 행복까지 느끼는 판타지와 같은 인생은 거의 찾아오지 않습니다. 오죽하면 그런 삶은 만화에서도 나오지 않죠.

시에서 고백한 것처럼 괴테는 사는 내내 불안한 감정을 기분 좋게 즐겼습니다. 어제보다 오늘 좀 더 나아지려면 그게 당연한 거라고 생각했으니까요.

살기 위해서는 힘들어도 해야 하고, 주변에서 떠드는 워라벨은 생각하지 않아야 하며, 폼 나지 않는 하루하루를 꾸준히 반복해야 합니다. 서로 너무 멀리 떨어진 이 세 단어가 함께 있는 한마디 말의 실체를 조금이라도 빠르게 깨닫는다면, 당신은 조금 더 빨리 자신의 삶을 시작할 수 있습니다.

'편하게 할 수 있는 일을 해.'

'어려우면 하지 말고 쉬자.'

'대충대충 하고 끝내도 괜찮아.'

이런 주변의 유혹에 속지 마세요.

그래야 자신의 삶을 시작할 수 있습니다.

'머리로는 안다'는 말의
유해함에 대하여

인간이 최선을 다하고자

결심하는 순간,

신도 감동합니다.

이전에는 결코 상상할 수 없었던

수많은 일들이 나를 돕습니다.

결정의 순간을 시작으로

수많은 기적이 일어나며

그 누구도 자신에게

일어날 것이라고 생각하지 못했던

수많은 사건과 상황이,

그리고 만남과 물질까지도

나의 힘이 되어줍니다.

「최선을 다하고자 결심하는 순간」

어떤 지식이나 정보를 접할 때마다 이렇게 반응하는 경우가 있습니다.

"머리로는 알고 있지만, 실천이 어렵다."

그러나 그건 진짜 아는 게 아닙니다. 아는 건 머리가 아닌 마음의 영역이라서 그렇습니다. 머리는 그저 정보와 지식을 보관하는 장소입니다. 머리에 보관한 정보와 지식이 마음으로 내려와서 실천으로 옮겨져야 비로소 "나는 그걸 알고 있다"라고 말할 수 있는 것입니다.

실천하지 않는 상태로는 최선을 다해서 살기 어렵습니다. 자신의 현재 상태를 제대로 모르기 때문이죠. 그래서 말버릇이 중요합니다. 알고 있다고 생각하면 안다는 착각 때문에 더는 실천할 노력을 하지 않게 됩니다.

지금부터 이렇게 말을 바꿔서 사용해 보세요.

1 아직 실천할 정도의 가치를 발견하지 못했습니다.

2 지금 조금씩 알아가는 중입니다.

3 머리에 쌓은 것들을 마음으로 옮기고 있습니다.

∼

머리에 쌓는 건 누구나 할 수 있습니다.

머리에서 마음으로 내려오는 과정이

참 어렵고 힘든 일이죠.

늘 배운다는 생각을 해야

그 어려운 과정을 해낼 수 있습니다.

괴테가 들려주는
노인을 위한 5가지 지혜

모든 산봉우리마다

삶과 휴식이 공존합니다.

나뭇가지는 바람 없이

흔들리지 않고,

결국 모든 새는

숲속에서 길을 찾습니다.

조금만 기다리세요.

그대도 머지않아

쉴 날을 만나게 될 것입니다.

「외로운 손님의 노래」

바람 없이 흔들리는 나뭇가지는 없습니다. 괴테의 말처럼 인생도 마찬가지로 삶과 휴식이 공존하죠. 힘든 날만 이어지는 건 아닙니다. 젊은 시절에 일상에 몰입해서 살다 보면 노년에 쉴 수 있는 여유가 주어지죠. 이를 다섯 가지로 이해하기 쉽게 정리하면 이렇습니다.

1. 오늘과 내일 사이에는 아주 긴 시간이 존재합니다. 그러니 아직 건강할 때, 효율적으로 일을 처리하는 방법을 배우세요. 당신의 노년이 더 아름다울 수 있게 말이죠.

2. 당신이 가지고 있는 경험은 매우 중요합니다. 그래서 사색을 중요하게 생각하는 현명한 노인은 자신이 경험한 것들을 지혜롭게 활용하며 살아갑니다. 다른 사람에게 도움을 주겠다는 마음으로 살면 가능합니다.

3. 젊은이가 모순에 빠지면 오랫동안 벗어나지 못하고 고생합니다. 하지만 노인은 모순에 빠지지 않습니다. 남아 있는 시간이 얼마 없다는 사실을 알고 있기 때문입니다. 부

조리와 모순에 시간을 낭비하지 마세요.

4 나이를 먹는 데에는 어떤 기술도 필요하지 않습니다. 하지만 노년의 시간을 잘 살기 위해서는 특별한 기술이 필요합니다. 매일 지금 소개한 조언을 읽으며 여러분의 하루가 특별해질 수 있게 사색해 보세요.

5 노인의 삶에는 이런 장점이 있습니다. 힘든 일을 경험하더라도 다시 빠르게 평정심을 찾을 수 있다는 것입니다. 다시 말해서 아무리 나이가 들어도 평정심을 빠르게 되찾지 못한다면, 당신은 나이만 든 아이에 불과합니다.

성실한 사람에게는 싫증이라는
손님이 찾아오지 않습니다.
그래서 그들은 지겹다는 말을 사용하지 않죠.
원하는 것을 자신의 것으로 만들고 싶다면
지금부터 성실하게 사는 게 우선입니다.

인생이라는 정원보다
근사한 공간은 없습니다

언제나 사랑은

나를 원수처럼 대합니다.

세월이 알려준 진실을

모두 당신께 전하겠습니다.

사랑하는 동안 나는,

깊은 마음으로

노래할 수밖에 없습니다.

저 빛나는 양초를 보세요.

자신을 서서히 소멸하면서
빛을 밝히고 있습니다.

「자기 삶의 시인은 말합니다」

괴테가 사랑이 자신을 원수처럼 대했다고 말한 이유는 무엇일까요? 양초처럼 자신의 모든 것을 꺼내서 세상을 밝히며 살게 해줬기 때문입니다. 아무도 발견하지 못했던 나의 장점과 온갖 긍정적인 부분을 사랑의 눈으로 바라보면 찾을 수 있고 다정하게 알려줄 수 있습니다. 그러니 좀 더 사랑하며 살라는 괴테의 조언인 셈이죠.

우리는 자신이 알거나 이해한 것만 볼 수 있습니다. 그래서 우리의 인생이라는 정원은 다른 어떤 장소보다 소중하고 아름답습니다. 내가 알거나 이해한 것들이 예쁘게 피어나고 있는 공간이라서 그렇습니다.

마음이 아프거나 힘든 날에는 혼자서 고독을 즐기며 산책을 해보세요. 다음에 소개하는 세 개의 글을 낭독하며 내 마음속에서 무엇이 피어나고 있는지 천천히 살펴보세요. 그럼 다른 곳에서는 즐길 수 없는 여유가 느껴질 것입니다.

1. 내 인생이 가장 아름답다.
2. 나만 나처럼 살 수 있다.
3. 나는 나로 살기 위해 태어났다.

～

모두에게는 각자의 정원이 있습니다.
고독은 그 정원을 즐기는 시간입니다.
내 마음속에 어떤 꽃이 피었는지,
나는 지금까지 어떻게 살아왔는지,
그 모든 것이 정원에 있습니다.
사랑하는 마음을 가지면 다 보입니다.

살아갈 날들을 위한
괴테의 시

초판 1쇄 발행 2025년 1월 17일
초판 11쇄 발행 2025년 10월 13일

지은이 김종원
펴낸이 한보라

편집 임나리 경영관리 권송이 디자인 봄바람
일러스트 황예나(인스타 @every_yena | 이메일 yenahwang24@naver.com)

괴테의 시 기초 번역 윤지영
성균관대학교에서 독어독문학과를 전공했고, 뉘른베르크 조형예술대학 조소학 및 라이프치히 조형미술대학 미디어아트 과정을 수료한 뒤 뮌헨 조형예술대학에서 석사 학위를 받았다. 독일에서 거주하는 동안 문화예술 박람회 통역 업무를 수십 차례 진행한 바 있으며, 2021년부터는 미국 아마존의 독-한 번역 관련 업무 등 프리랜서 번역가로 일하고 있다.

펴낸곳 퍼스트펭귄 출판등록 2023년 7월 21일 제 2024-000025호
전화 070)8866-7990 이메일 1stpenguin@1stpenguin.be
종이 (주)월드페이퍼 출력·인쇄·후가공·제본 더블비

ISBN 979-11-990403-1-1 (03190)

- 책값은 뒤표지에 있습니다.
- 파본은 구입하신 서점에서 교환해드립니다.
- 이 책은 저작권법에 의하여 보호를 받는 저작물이므로 무단 전재와 복제를 금합니다.